chstätt.
gi Pfarrkirch.
cti.
Closter.
13. Iesuiter kirch und Colleg.
14. Weysenhause.
15. Blaterhaus.
16. Gotts acker.
17. Capuciner Closter.
18. Schieß hütten.
19. Vieleck.
20. Allerhand Mühlen.
21. Die Altmühl fluß.

Emanuel Braun

EICHSTÄTT
Dom und Domschatz

Aufnahmen von Ingeborg Limmer

Karl Robert Langewiesche Nachfolger
Hans Köster Königstein im Taunus

IN MEMORIAM ANDREAS BAUCH

Sedisvakanz-Doppeltaler von 1790.

EINBAND-VORDERSEITE: Ostpartie mit den Türmen, dem Hochchor und dem Kreuzgang. – VORDERES VORSATZBLATT: Kupferstich von Matthäus Merian, Topographia Franconiae, 1627. – SEITE 1: Willibald-Reliquienschrein von 1269, Kalkstein mit polychromer Fassung aus dem 19. Jahrhundert. 90 × 100 × 75 cm. – EINBAND-RÜCKSEITE: Schutzmantelmadonna aus einem Fenster im Mortuarium, 1502, nach Entwurf von Hans Holbein d. Ä. (der Kopf im 19. Jahrhundert ergänzt).

LITERATUR IN AUSWAHL: Andreas Strauß, Versuch einer hist.-topographischen Beschreibung der hochf. Residenzstadt Eichstätt, Eichstätt 1791, S. 57 ff. – *Georg Suttner,* Die Domkirche in Eichstätt, in: Pastoralblatt des Bistums Eichstätt 1862, S. 149 ff. – *ders.,* Baugeschichte des Domes in Eichstätt, Eichstätt 1882. – *Franz Xaver Herb,* Der Dom von Eichstätt in seiner baugeschichtlichen Entwicklung und Restauration, Eichstätt 1892. – *ders.,* Der Dom, in: Eichstätts Kunst, München 1901, S. 29–44. – *Franz Jakob Schmitt,* Die fürstbischöfliche Domkirche Sankt Maria und Willibald zu Eichstätt, in: Das Bayerland 16, 1905, S. 173–176, 184–188. – Die Kunstdenkmäler von Bayern, Regierungsbezirk Mittelfranken, Stadt Eichstätt, bearbeitet von *Felix Mader,* München 1924, S. 32–230. – *Felix Mader,* Der Dom zu Eichstätt, Augsburg 1929. – *Erich Herzog und Theodor Neuhofer,* Der Dom zu Eichstätt, München 1950. – *Andreas Bauch,* Der Dom zu Eichstätt, in: Das Münster 10, 1957, S. 433–436. – Festgabe zur Wiedereröffnung des Domes in Eichstätt 1975, Eichstätt 1975. – *Andreas Bauch,* Der Dom zu Eichstätt, München und Zürich 1976. – *Walter Sage,* Die Ausgrabungen in den Domen zu Bamberg und Eichstätt 1969–1972, in: Jahresbericht der bayerischen Bodendenkmalpflege 17/18, 1976/77, S. 178–234. – *Jürgen Fabian,* Der Dom zu Eichstätt, in: Das Münster 38, 1985, S. 232 f. – *Walter Haas und Ursula Pfistermeister,* Romanik in Bayern, Stuttgart 1985, S. 25 f., 276 f.

Flechtbandstein, Teil einer Chorschrankenplatte aus der Willibaldinischen Klosteranlage, 8. Jahrhundert.

Printed in Germany. – ISBN 3-7845-4400-2.

Postquam ille de Roma in istam veniebat provinciam cum tribus contrulibus suis, et tunc 40 et unius annorum aetate, iam gnarus et grandevus, sacri episcopatus gradum accepit, et in loco que dicitur Eihstat monasterium construere incipiebat . . .

„Nachdem er mit dreien seiner Landsleute von Rom in jene Provinz gekommen war – damals mit 41 Jahren bereits ein erfahrener und bejahrter Mann –, empfing er die heilige Bischofsweihe und begann an dem Ort, der Eihstat heißt, ein Kloster zu errichten."

(Übersetzung nach Andreas Bauch, Quellen zur Geschichte der Diözese Eichstätt, Band I, Biographien der Gründungszeit, Regensburg [2]1984, S. 82 ff.)

Dieser Satz aus der „Vita Willibaldi episcopi Eichstetensis" – verfaßt von der Nonne Hugeburc –, der wichtigsten Quelle für die Gründungszeit des Bistums Eichstätt, liefert uns den einzigen Hinweis auf bauliche Unternehmungen des hl. Willibald in Eichstätt. Der Angelsachse Willibald muß in einem Atemzug genannt werden mit Bonifatius, Sturmius, Sola, Lioba und Burkhard von Würzburg. Bonifatius brauchte seinen Landsmann Willibald, der bereits ein halbes Leben als Pilger hinter sich hatte, als Verfestiger des noch instabilen Christentums in Deutschland. Er organisierte die Bistümer in Mittel- und Süddeutschland und besetzte sie vornehmlich mit Angelsachsen. Christianisierung wurde zwar schon vor dem 8. Jahrhundert von irischen und fränkischen Wanderbischöfen betrieben, doch die bis heute gültige Einteilung in kanonische Bistümer fand erst unter Bonifatius statt. Die Gründung der Diözese Eichstätt im bayerischen Nordgau hatte sicher eine politische Bedeutung, und es bleibt die Frage, ob sie mehr von dem nach Selbständigkeit strebenden bayerischen Herzog oder von den Karolingern ausging. Danach jedenfalls war Eichstätt immer fränkisch orientiert.

Die Ausstattung mit Grund und Gütern für Willibald und seine Gefolgsleute war zunächst relativ bescheiden. Erst seit dem 14. Jahrhundert verfügte der Bischof über ein ansehnliches Territorium. Die geographische Lage der Diözese Eichstätt als Puffer zwischen verschiedenen Interessenssphären brachte die seltene Konstellation mit sich, daß sich darin drei sprachliche Volksgruppen vereinigten, Altbayern, Franken und Schwaben.

Eichstätt gehörte bis in das 19. Jahrhundert zur Kirchenprovinz Mainz, und darin spielte es immer eine besondere Rolle, zeitweise hatte es sogar die Kanzlerschaft inne. Sämtliche Bischöfe bis heute verstanden sich als Nachfolger auf dem Stuhl Willibalds. Sie stammten vorwiegend aus fränkischen und schwäbischen gräflichen und ritterschaftlichen Geschlechtern. Auffälligerweise ist kein Wittelsbacher vertreten. Berthold aus der Familie der Burggrafen von Nürnberg, die sich später Hohenzollern nannten, begann um die Mitte des 14. Jahrhunderts mit dem Bau der Willibaldsburg über der Stadt. Mehrmals auf dem Bischofsstuhl vertreten waren z. B. Mitglieder aus den Häusern der Pappenheimer, der Freiherrn von Leonrod und der Schenken von Castell.

Als bauliches Zeugnis der Diözesangeschichte ist der Dom zu Eichstätt aufs engste mit dem Namen Willibalds verknüpft. Obwohl im aufgehenden Mauerwerk der heutigen Bischofskirche nichts mehr an den Gründungsbischof erinnert, spricht man landläufig vom Willibaldsdom.

Im Gegensatz zu vielen vergleichbaren Bauten hat der Dom zu Eichstätt bislang in der kunstwissenschaftlichen Literatur nicht in gebührendem Maße die ihm zukommende Aufmerksamkeit gefunden. Besonders die komplizierte Baugeschichte ist noch immer nicht hinreichend geklärt. Er repräsentiert einen Bautypus, der eine gewisse Sonderstellung unter den deutschen Kathedralkirchen einnimmt. In seiner Ausstattung geben sich mehrere Stil- und Renovierungsphasen zu erkennen.

Eichstätt liegt an der mittleren Altmühl in der Fränkischen Alb. Es gilt heute als Mittelzentrum im nordwestlichen Oberbayern und hat seine Bedeutung als Verwaltungs- und Schulstadt. Abseits großer Verkehrswege und eingeengt durch die steilen Jurahänge behielt es auch in Zeiten der Expansion seinen Kleinstadtcharakter und konnte keine nennenswerte Industrie anziehen.

Die Stadt hat einen geistlichen Kern. Sie ist durch den Bischofssitz und damit durch ihren Dom über Jahrhunderte hinweg geprägt worden wie kaum eine andere in Deutschland, und das, obwohl der Bau – bedingt durch die schmucklose äußere Erscheinung, durch die Konkurrenz mehrerer Kirchen auf engem Raum und durch die Vielzahl von Plätzen – nicht sofort als absoluter Mittelpunkt erkennbar ist. Am heutigen Stadtgrundriß läßt sich noch deutlich die städtebauliche Entwicklung ablesen: Das willibaldinische Kloster mit der Bischofskirche wurde auf einem Schuttkegel in der Altmühlniederung errichtet. Der Ort lag am Nordrand der ehemaligen Provinz Raetien, eine Römerstraße in Ost-West-Richtung tangierte ihn. Im 11./12. Jahrhundert wurde unter politisch bedeutenden Bischöfen versucht, nach dem Vorbild großer Städte (z. B. Köln) um diese geistliche und bereits umwehrte Siedlung durch Neugründungen einen Kranz von Kirchen anzulegen. Die spätere bürgerliche Stadt des 12./13. Jahrhunderts erscheint mehr als Bindeglied zwischen der kompakten geistlichen Stadt und dem vorher isolierten Kloster St. Walburg im Westen. Nach den schweren Zerstörungen durch die Schweden im Dreißigjährigen Krieg erlebte Eichstätt bis zur Säkularisation in städtebaulicher Sicht durch die Gestaltung von Plätzen und Repräsentationsbauten eine Blütezeit. So entstanden in

diesem Zeitraum die fürstbischöfliche Residenz und die Randbebauung des als einzigartiges Ensemble geltenden Residenzplatzes mit den Kavalierhöfen, die Sommerresidenz mit dem Hofgarten, die Domdechantei und zahlreiche Domherrenhöfe.
Doch inmitten dieser südländisch wirkenden Stadt steht der Dom. Er ist das geistliche Zentrum der Diözese. Zunächst hatte er ein St.-Salvator- und Marien-Patrozinium. Wann der Übergang zum Patrozinium Mariä Himmelfahrt erfolgte, ist unbekannt. Der Eichstätter Dom ist ein geschichtsträchtiges Bauwerk, von Generationen von Bischöfen und Baumeistern geprägt, aber nicht nach einem einheitlichen Plan erbaut. Wenn man nur den Baubestand im Auge hat, gehört er in das Mittelalter, in die große Zeit der deutschen Dome.

Merowingische und karolingische Zeit

Vor dem 8. Jahrhundert gibt es keine schriftliche Erwähnung Eichstätts, allerdings deuten archäologische Funde auf eine Siedlungskontinuität seit der Hallstattzeit hin. Als der Benediktiner Willibald aus Montecassino und Rom kommend mit Bonifatius in Eichstätt im Jahre 740 eintraf, fand er in dem kurz zuvor zerstörten Ort nur eine kleine Marienkirche vor. 741 wurde er in Sulzenbrücken bei Erfurt zum Bischof geweiht. Die Frage, ob er für das projektierte Bistum Erfurt bestimmt war und dann doch in Eichstätt ein Missionskloster leitete oder ob er unmittelbar Gründerbischof von Eichstätt wurde, ist noch nicht entschieden. Jedenfalls ließ er sich 741 in Eichstätt nieder und wirkte hier bis zu seinem Tod (im Jahre 787 oder bald danach).
Willibald verfolgte in Eichstätt das aufstrebende benediktinische Mönchsideal der „vita communis". Bald holte er seine Geschwister Wunibald und Walburga nach, die nacheinander das für den Sualafeldgau wichtige Missionskloster Heidenheim am Hahnenkamm (Kreis Weißenburg-Gunzenhausen) leiteten.
Eine seiner wichtigen Aufgaben bestand zunächst darin, den verwüsteten Ort wieder aufzubauen. Über die willibaldinische Bautätigkeit an seiner Domkirche hatte sich bis 1972 die Meinung festgesetzt, die auf einer Fehlinterpretation des Anonymus Haserensis (eines unbekannten Kanonikers von Herrieden) aus dem 11. Jahrhundert beruhte, daß die Bischofskirche über kreuzförmigem Grundriß errichtet worden sei. Diese These ließ sich durch umfangreiche archäologische Grabungen widerlegen, die von 1970 bis 1972 im Inneren des Domes durchgeführt wurden. Mit den verfeinerten modernen Methoden, die z. B. Bodenverfärbungen beobachtet und analysiert, konnte an anderen Stellen aber auch die schriftliche Überlieferung bestätigt werden.
Aus der Zeit Willibalds wurden die Fundamente zweier Bauten gefunden: der zentrale Teil des umfriedeten Klosters mit einem Apsidensaal, der von Annexräumen umgeben ist, und östlich davon achsenverschoben die Bischofskirche als einfache Saalkirche. Beide Bauten waren nicht miteinander verbunden und hatten einen Abstand von nur 5 m. Aufgrund der Fundamentstärke dürften sie nicht sehr hoch gewesen sein. Den Ostabschluß der Saalkirche, deren besonderer Charakter sich in der Steinbauweise manifestierte, muß man sich als Rechteckchor oder Apsis vorstellen. Der archäologische Befund ergab weiterhin eine kurze zeitliche Distanz zwischen beiden Anlagen. Für die Bauforschung liefern die unvollständig erhaltenen Fundamente und die Kleinfunde aber zu wenig Anhaltspunkte, um die Gebäude präziser als in das 8. und 9. Jahrhundert zu datieren. Ein Stein mit Flechtbandornamentik aus dem Apsidensaal des Klosters dürfte zu einer Chorschrankenanlage gehört haben, die eindeutig der Karolingerzeit zugeordnet werden kann. Durch die zeitliche Distanz wird die These von einer erst nach 741 erfolgten kanonischen Bistumsgründung erhärtet. Die Eichstätter Forschung geht aber davon aus, daß dies noch unter Willibald geschah. Die Grabungen bestätigten damit die historischen Erkenntnisse, daß im frühen Mittelalter ein Bischof in der Lebensform überwiegend als Abt wirkte und damit dem Kloster als architektonische Anlage die primäre Bedeutung zukommt. Für den Bautypus der Saalkirche, als die der erste Dom Eichstätts anzusprechen ist, gibt es Vergleichsbeispiele aus dem 8./9. Jahrhundert, etwa Reichenau-Mittelzell, Regensburg-Niedermünster oder als im aufgehenden Mauerwerk überkommene, wenig veränderte Denkmäler die Kirchen von Mals und Naturns in Südtirol. Auch die Ausstattung (Wandmalerei) hebt den nur zum Teil ergrabenen Klosterkomplex auf ein höheres künstlerisches Niveau als die Domkirche.

Ottonische Zeit

Zur zweiten Bauphase konnte die Grabung ungleich aussagekräftigere Ergebnisse liefern. Im 10. Jahrhundert fiel das willibaldinische Kloster einem Brand zum Opfer. Der Dom schien allerdings keinen wesentlichen Schaden genommen zu haben. Dieses Ereignis wird mit den Raubzügen der Ungarn in Verbindung gebracht, die viele Länder in Angst und Schrecken versetzten.
In geringem Abstand zum Dom des 8. Jahrhunderts entstand über dem zerstörten Kloster axial auf den Dom bezogen ein starker Rundbau mit innerer Wandnischengliederung, zwei flankierenden Rundtürmen und einer rechteckigen Portalvorhalle im Westen. Gleichzeitig wurde in der gleichen Achse wenige Meter weiter westlich ein halbkreisförmiger

Bau mit schwächeren Fundamenten errichtet. Die Innenaufteilung mit Mauern und Pfeilerstellungen verweist auf einen Umgang. Die Fußböden beider Gebäude lagen tiefer als das damalige Außeniveau.

Die Form des Zentralbaus und der Bezug zur Bischofskirche läßt auf ein Baptisterium, eine Taufkirche, schließen. Dieser baugeschichtliche Befund wird zeitlich mit der Nachricht des Anonymus Haserensis in Verbindung gebracht, die besagt, daß Bischof Reginold (966–991) im Westen des Doms beim Taufbecken einen Erweiterungsbau aufgeführt habe. Zentralanlagen als Taufkapellen im Westen der Bischofskirche stehen in frühchristlicher Tradition (Florenz, Pisa), nur im nordalpinen Raum kannte man bisher keine typischen Beispiele. In die Vorstellung von einem Baptisterium fügen sich allerdings nicht die vermutlich gleiche Höhenentwicklung, die knappe Distanz zum Dom und die beiden Türme. Diese Merkmale verliehen dem Gebäude etwas Imposantes, Westwerkartiges.

Der halbkreisförmige Bau wird als „Außenkrypta oder Memorie" gedeutet. Als zeitliche Fixierung gilt zweifellos das überlieferte Weihedatum 988; die 989 erfolgte Reliquientranslation bestätigt zugleich diese Funktion. Damals wurde das Grab des hl. Willibald von einer heute unbekannten Stelle im Dom in die eigens geschaffene Krypta, also nach außen verlegt, und zwar an die Stelle, wo sich noch heute der Willibaldaltar befindet. Allerdings hebt dieser niedrige vorgelagerte Bau den Westwerkcharakter des Rundbaus auf. Wegen der fehlenden historischen Benennung bedienten sich die Archäologen der Hilfsbezeichnung „Außenkrypta", obwohl ein solcher Bautyp in dieser Form und losgelöst vom Hauptbau bisher unbekannt ist. Doch die eindeutige axiale Anordnung und die enge räumliche Beziehung lassen keinen anderen Schluß zu, als daß wir es hier mit einer sogenannten Kirchenfamilie bestehend aus Dom, Baptisterium und „Außenkrypta" zu tun haben. Somit wurde also der architektonisch zurückhaltende karolingische Dom in der zweiten Periode unter Bischof Reginold um die beiden westlich vorgelagerten und in der Höhe gestaffelten Bauten bereichert und aufgewertet. Diese Aufwertung erscheint im Lichte des königlichen Verständnisses des Bischofsamtes Reginolds, der zu den wichtigen Persönlichkeiten der ottonischen Reichskirche gehörte, plausibel. Er könnte sich bei der Planung von der als vorbildhaft empfundenen Aachener Pfalzkapelle haben leiten lassen. Aus kunstgeschichtlicher Sicht ist von besonderer Bedeutung, daß man bisher keine echten Parallelbeispiele zu dieser Bautengruppe kennt.

Romanik

Die dritte bedeutende Bauperiode im Dombereich beginnt mit den Plänen Bischof Heriberts (1022–1042), der in Abkehr von der Tradition ein neues Konzept etwas weiter östlich entwickelte. Unter ihm wurde die räumliche Trennung von Bischofssitz und den Räumen der Kanoniker in Eichstätt folgendermaßen vollzogen: Im Süden des Doms, wo sich heute die Residenz befindet, entstand der Bischofshof. Das Stift errichtete man an der Stelle des spätgotischen Kreuzgangs. Heriberts Dombau kam nicht zustande, vielleicht aufgrund eines Einsturzes. Das erklärt die ungewöhnliche Lage des Kreuzgangs, der nur mit dem Ostchor und dem Querhaus verbunden ist. Doch wenig später wurde doch eine größere und modernere Kirche angestrebt. Eine frühromanische Basilika, die fast die Länge des heutigen Doms erreicht, wurde unter Heriberts Nachfolgern Gebhard I. (1042–1057) und Gundekar II. (1057–1075) gebaut, wie jetzt auch archäologisch nachgewiesen ist. Damit wurde die sogenannte Kirchenfamilie aus karolingischer und ottonischer Zeit beseitigt. Auf ihren Fundamenten entstand nun eine doppelchörige, dreischiffige Basilika mit einem durchgeschobenen Querhaus im Osten und anschließendem Turmpaar seitlich des Chors. Dieser gestreckte Ostchor war durch eine eingezogene Apsis geschlossen und verfügte über eine zweigeteilte Hallenkrypta mit einer zweijochigen fünfschiffigen „Vorhalle" und einem dreijochigen dreischiffigen Hauptraum. Dessen Wandnischen waren teilweise zur Aufnahme von Altären bestimmt. Die Krypta konnte leider nicht zugänglich gemacht werden und wurde nach der Grabung aufgefüllt. Weil sich Langhaus und Querhaus nicht durchdringen, konnte keine ausgeschiedene Vierung gebildet werden. Da die Querarme von Mauern durchschnitten waren, könnten sich dort Emporen befunden haben. Der kürzere Westchor verfügte über eine nur wenig eingezogene Apsis. Durch diese großzügige Anlage wurde die Grabstelle des Bistumsgründers wieder in den Kirchenbau integriert, aber gleichzeitig als Westabschluß hervorgehoben. Bei Berücksichtigung vergleichbarer stilbildender Bauten ist auch in Eichstätt mit einem einheitlichen Wölbsystem noch nicht zu rechnen.

Mit der rechteckigen Verlängerung des südlichen Querarms, die Bischof Gundekar als seine Grabkapelle zu Ehren des hl. Johannes Evangelist im Jahre 1062 weihte, haben wir das erste verläßliche Baudatum. Im Jahre 1072 konsekrierte Gundekar die beiden Turmkapellen, als der Dom nach der relativ kurzen Bauzeit von etwas mehr als 30 Jahren weitgehend vollendet war. Deshalb müssen wir mit einem zielstrebigen und ununterbrochenen Baufortgang rechnen. Reste dieses Baus aus salischer Zeit stecken im aufgehenden Mauerwerk der Seitenwände des Ostchors, im Querhaus, insbesondere in den Arkaden zur Gundekarkapelle und im Triumphbogen des Westchors.

Die Anordnung der Türme, die den Chor flankieren, ist in der Romanik in Deutschland ein beliebtes Motiv (Augsburger Dom: Weihe 1065). Sie wurde in Eichstätt im Anschluß an Speyer (Weihe 1061) angewandt, mit dem man diese Stilepoche beginnen läßt. Durch die damals übliche, mehr als doppelte Breite des Mittelschiffs gegenüber dem Seitenschiff wirkt der Grundriß gestreckt. Der Verzicht auf eine ausgeschiedene Vierung, die seit St. Michael in Hildesheim Eingang in die Baukunst gefunden hatte, muß als konservativer Eichstätter Sonderfall gewertet werden, der auch im spätgotischen Dom wieder auftaucht. Der in der Reichspolitik bedeutende Bischof Gebhard (1042–1057), der spätere Papst Viktor II. (1055–1057), hat wohl den salischen Bau nicht mehr entscheidend geprägt. Für einen größeren Anteil Gundekars am Bau sprechen die Weiheinschriften in der Krypta und die überlieferten Weihedaten im von ihm angelegten Pontifikalbuch.
In der Westchoranlage ist keineswegs der königliche Gegenpol zum Ostchor des Klerus wie in Bamberg, Mainz etc. beabsichtigt, sondern der ausgezeichnete Kultraum für das Grab des hl. Willibald. Damit ersetzte sie die ottonische „Außenkrypta" und brachte eine Einbindung des Willibaldgrabes in den Hauptbau mit sich.
In der Zeit um oder nach 1200 erfuhr die Ostkrypta eine beträchtliche Erweiterung, die die Tiefe des Querhauses umfaßte. Der Raum verfügte über vier Schiffe und war vier Joche tief. Vielleicht wollte man dadurch das gesamte Presbyterium auf ein einheitliches höheres Fußboden-Niveau bringen.

Auch die beiden Türme sind wohl um diese Zeit neu errichtet worden. Dafür sprechen die Formen des Bandrippengewölbes in ihren Kapellen, die, wie häufig bei Turmkapellen, bereits von Bischof Gundekar Maria und dem Erzengel Michael geweiht wurden. Die Arkadenöffnungen der Kapellen zum Querhaus und Ostchor sind aber noch dem Bau des 11. Jahrhunderts zuzuordnen. Das bedeutet, daß man beim Neubau der Türme unter nicht geringem Aufwand diese Arkaden übernahm. Die Türme wurden dann ohne Verbund in die Zwickel eingestellt. Ein Argument für die Spätdatierung der Türme in die Hochromanik der Zeit um 1200 oder des frühen 13. Jahrhunderts liefert ihre Gliederung, die nicht mehr die Fläche, sondern die Körperlichkeit der Mauer betont. Die Gliederung der einzelnen Seiten, die sich nach oben hin steigert, ist nicht über die gesamte Mauerbreite geführt. Dadurch wird eine aufgelöste, dreifach gestufte Kante erreicht. Diesen stilgeschichtlichen Befund kann das Datum einer Domweihe im Jahre 1210 unter Bischof Hartwig (1196–1223) untermauern. Die beiden Türme sind in ihren Geschossen gleichartig aufgebaut. Im 15. Jahrhundert waren die Spitzhelme unterschiedlich gebildet. Der Südturm mit 54 Metern ist durch einen tambourartigen Aufsatz insgesamt um zwei Meter höher. In den Dimensionen mit ca. 80 Metern Länge war der romanische Eichstätter Dom vergleichbaren Kathedralen in Augsburg, Regensburg oder Bamberg durchaus ebenbürtig. Die Grundrißanlage, die unserem Bild von der deutschen Kirchenbaukunst des 11. Jahrhunderts entspricht, verleiht Eichstätt eine prominente Stellung, wenn auch der Verzicht auf eine echte Vierung, gemessen am Anspruch einer Kathedrale, nicht zeitgemäß ist. Trotz der Veränderungen in hochromanischer Zeit blieb diese Konzeption des Doms bis heute erhalten.

Frühgotik

Im Jahre 1256 ließ Bischof Heinrich IV. die Gebeine des hl. Willibald zum zweiten Mal erheben. Dies war der Anlaß für einen Neubau des Westchors, der im gleichen Jahr begonnen und 1269 unter Bischof Hildebrand vollendet wurde. Damit zusammenhängend wurde ein eigenes Kanonikatsstift ins Leben gerufen, das vorwiegend für die Liturgie an der Grabstätte des Diözesanpatrons zuständig war. Dieser Willibaldchor genannte Bauteil wird durch den mächtigen frühromanischen Bogen des Gundekar-Doms erschlossen und war drei Joche tief. Der einschiffige Bau, der einen geraden Westabschluß hatte, wurde gestaltet im Übergangsstil von Spätromanik zu Frühgotik, der etwas früher bereits die sogenannten staufischen Dome (z. B. Bamberg) geprägt hat. Das gotische Wölb- und Gliederungssystem mit als Dienstbündel aufgelösten Wandpfeilern und kräftigen Rippen ist zwar tektonisch verwirklicht, aber formal etwas rückständig ausgeführt.

Im Zusammenhang mit dem Westchor entstand auch ein steinerner Schrein für die Willibaldreliquien, in welchem aufgrund seiner Dimension die Tradition der romanischen Reliquiare in der Architekturform weiterwirkt, hier allerdings in einfachen gotischen Formen. Er stand sicher auf dem Altar. Er kann auch bei Prozessionen mitgetragen worden sein. Die Weihe des Chors und die feierliche Translation der Gebeine des hl. Willibald auf den neuen Altar fand am 6. Juli 1269 statt.

Die Siboto-Madonna hatte schon immer ihren Standort auf der schlanken Säule im Westchor. Die Kalksteinfigur mit Farbfassung, ca. 150 cm hoch, wurde angeblich von Siboto von Engelreut (gestorben 1305), einem Kanoniker am Willibaldchor, im Jahre 1297 gestiftet. In der Fußplatte ist sein Name eingehauen. Französisch hochgotische Stilhaltung vermischt sich bei der Statue mit einer volkstümlichen Herbheit im Ausdruck. Diese viel verehrte Skulptur galt auch als Gnadenbild. Bischof Johann Anton Knebel von Katzenellenbogen (1705–1725) ließ seine Eingeweide angeblich zu ihren Füßen beisetzen. Sichtbare Zeugnisse der Verehrung sind die Votivtafeln aus der Barockzeit und jüngeren Datums, die man nach 1945 in einem Rahmen zusammenfaßte.

Die Tumba des als Heiligen verehrten Gundekar II. befindet sich heute wieder an ursprünglicher Stelle. Philipp von Ratsamhausen erhob 1309 seine Gebeine und setzte sie in dem Hochgrab bei, das aus einer Bahre auf Pfeilern besteht. Nach einer Beschädigung im Dreißigjährigen Krieg wurde nach 1731 ein barocker Deckel aufgesetzt.

Spätgotik

Ein Brand im Ostchor mit notdürftiger Reparatur um 1270 veranlaßte Berthold von Hohenzollern (1351–1365), den Neubau eines gotischen Domes zu initiieren. Die Arbeit am Chor, der zwischen 1348 und 1363 mit drei Jochen und Fünfachtelschluß errichtet wurde, ist als selbständige Bauphase zu betrachten. In der Länge übertraf er zwar den Vorgänger, aber die Beibehaltung der romanischen Türme ließ nur ein einschiffiges Chorhaus zu, das weit hinter den architektonischen Möglichkeiten der Zeit zurückblieb, aber eine monumentale Einfachheit ausstrahlt. Sowohl außen als auch innen erinnern die strengen Linien an die Reduktionsformen der Bettelordensarchitektur. Bauplastik ist fast ganz vermieden. Der Domvikar Heinrich Malso, der für den Chor stiftete und 1349 starb, ist angeblich in der einzigen Statue am Strebepfeiler aus der Zeit um 1400 dargestellt. Auch eine Auflösung der Wände in schwerelose Fensterflächen, wie sie dem gotischen Stilempfinden entsprochen hätten, wurde nicht verwirklicht.
So haben wir einen schmalen aufragenden Baukörper vor uns, der aus sorgfältig behauenem Quadermauerwerk besteht. Zwischen den einfachen Strebepfeilern und den schlanken Fenstern mit erneuertem Maßwerk bleibt noch eine geschlossene Wand übrig. Die Joche des Kreuzrippengewölbes weisen keine ausgebildeten Gurtbogen auf. Die schmal profilierten Rippen schneiden ohne Vermittlung in die Wand ein und gipfeln in Schlußsteinen.
Bald nach Fertigstellung des Chors begann man um 1375 mit dem Langhaus, nachdem das romanische niedergelegt worden war. Die Ausführung, die in den Händen einer anderen Bauhütte lag, fiel in die Amtszeit der Bischöfe Raban Truchseß von Wilburgstetten (1365–1383) und Friedrich IV. von Öttingen (1383–1415). Der Bau war im wesentlichen 1396 vollendet, wie man das einzige sichtbare Baudatum am Nordportal interpretieren kann. Damit haben wir für das gotische Zeitalter mit einem relativ raschen Baufortgang zu rechnen. Trotzdem läßt sich am Baubefund erkennen, daß nicht nach einheitlichem Plan verfahren wurde. Um Begründungen liefern zu können, sind die historischen Quellen in dieser Zeit zu dürftig.
Das Hallenlanghaus erweckt zwar infolge der gleichartigen Kapellenreihen den Eindruck von Fünfschiffigkeit, war aber zunächst nur dreischiffig geplant. Ausgangspunkt für den Planwechsel war die ehemalige Salvatorkapelle, die um 1337 vom Domherrn Berthold von Hagel gestiftet wurde. Sie ist an der Stelle der doppeljochigen Kapelle im Anschluß an den nördlichen Querhausarm zu suchen. Obwohl sie erst 1347 vollendet war, fiel sie dem Langhausneubau zu Opfer. Doch eine zweite Stiftung im Testament dieses Domherrn, die ortsgebunden war, ermöglichte die Wiedererrichtung der Salvatorkapelle mit einem zweiten Altar. So ist es zu erklären, daß die erste Planung des spätgotischen Langhauses an der Nordseite nur diese doppeljochige Kapelle vorsah, die etwas breiter als die übrigen ist, sich als einzige durch Strebepfeiler abhebt und deren Scheidbogen auf einem Rundpfeiler ruhen. Die Trennwand, die den Pfeiler seit 1693 mit der Außenmauer verband, wurde 1938–1947 entfernt. Der unmotiviert wirkende Strebepfeiler im Osten, der in das Querhaus hineinragt, war vielleicht für die Aufnahme des Längsschubs einer größeren Anlage erforderlich.
Bei der Planung muß schon früh die Lage des Hauptportals im Norden festgelegt worden sein, das in der Front zum Domplatz, der damals noch Friedhof war, die Mitte einnimmt und an die Salvatorkapelle anschließt. Das Portal erhielt eine Vorhalle in Kapellentiefe, und darauf wurde eine Sängerempore gesetzt, die die Höhe des Seitenschiffs erreicht. Diese Empore wird erschlossen durch einen dem Strebepfeiler angefügten Treppenturm. Im weiteren Bauverlauf nach Westen entstanden die drei folgenden Kapellen mit ganz nach innen gezogenen Wandpfeilern und voller Öffnung zum Seitenschiff. Kunstgeschichtlich bedeutet dies, daß der Typ der spätgotischen Wandpfeilerhalle hier mit asymmetrischem Querschnitt voll entwickelt ist. Im Westen ließ man das Langhaus an den älteren Willibaldchor anstoßen. Warum nicht auch gleichzeitig die südlichen Seitenkapellen ausgebaut wurden, ist durch Fakten nicht erklärbar. Vielleicht ließ der mittelalterliche Bischofshof damals keine Verbreiterung des Domlanghauses zu.

Für einen spätgotischen Neubau völlig ungewöhnlich sind der Stützenwechsel und vor allem die siebeneckigen Pfeiler, für die es keine Vorbilder gibt. Das Wölbsystem des Chors wurde ins Langhaus durchgezogen, so daß die Jochproportionen sich kaum veränderten und trotz der konservativen Kreuzrippentonne die Jochteilung fast aufgehoben wurde. Die „Vierung" wurde durch eingestellte Rundpfeiler in zwei Joche aufgeteilt und damit eigentlich dem Langhaus angegliedert. Nur die Stirnmauern und -bogen zwischen den westlichen Vierungspfeilern markieren einen Einschnitt. Die Rippenfiguration der Gewölbe in den Querhausarmen ist mit ihren Rauten zur Mitte hin ausgerichtet. Mit diesen Dreistrahlgewölben, die eine Zentrierung hervorrufen, ging man zu einem fortschrittlicheren System über, was wohl den Abschluß der Einwölbung des Neubaus bedeutete. Deshalb dürfte die endgültige Fertigstellung um 1420 anzusetzen sein. Der die sogenannte Vierung mitumfassende Chorbereich war seitlich

begrenzt durch gemauerte Chorschranken, auf denen die beiden Rundpfeiler aufsaßen. Gegen Westen bildete den Abschluß ein Lettner, der durch alle drei Schiffe ging und über eine Halle von einem Joch Tiefe verfügte.
Einige Annexräume sind im Laufe des 15. Jahrhunderts entstanden bzw. umgestaltet worden. 1471 ließ Bischof Wilhelm von Reichenau (1464–1496) an den Willibaldschor ein viertes Joch anfügen mit etwas größerer Tiefe, aber derselben Struktur. Dezent sind Rippen und Schlußstein in der realistischen Art des späten 15. Jahrhunderts mit Ast- und Laubwerk versehen. Dieses Joch wurde durch eine Empore unterteilt, die einen eigenen Zugang zum Bischofshof und einen Altar für Privatmessen des Bischofs erhielt. Damit erreicht der Dom eine stattliche Länge von ca. 100 m, die im Innern durch das wechselnde Bodenniveau und die perspektivische Verkürzung kaum wahrgenommen wird.
An den Nordturm schließt nach Osten die zweigeschossige Kapitelsakristei an. An den Hauptraum über quadratischem Grundriß ist ein polygonales Chörlein mit geschweiftem Steindach angebaut, das durch seinen Reichtum der behäbigen Nordfassade einen effektvollen Glanzpunkt aufsetzt. Die zierlichen Architekturglieder und die zarte Bauplastik verraten die hohe Schule spätgotischer Steinmetzkunst und müssen der Bauhütte eines führenden Meisters entstammen, der dieses Kleinod in vollendeten Proportionen konzipierte. Der Mittelpfeiler im Hauptraum des Untergeschosses deutet zwar einen Zentralraumcharakter an, aber die Rautensternfigurationen der vier Joche sind mehr einzeln erlebbar. Ungewöhnlicherweise überschneidet ein Gewölbeanfänger den Chorbogen und hängt frei herab. Die Rippenfiguration im kleinen Chor entwickelt sich um einen Vierpaß herum.

Der Annexbau dürfte nach Aussage der Wappen auf den Gewölbeschlußsteinen im Untergeschoß 1463/64 entstanden sein, also zu der Zeit, als Wilhelm von Reichenau Bischof wurde. Das Obergeschoß wurde erst 1480 eingewölbt. Die Zuschreibung dieser Kapitelsakristei von hohem künstlerischen Niveau an Matthäus Roritzer, wie sie einige Forscher fordern, ist aus historischer Sicht gewagt. Roritzer unterhielt zwar Beziehungen zu dem Eichstätter Bischof, doch in den Quellen läßt sich keine Tätigkeit in Eichstätt nachweisen. Die Steinmetzzeichen können in dieser Hinsicht ebenfalls keine Gewißheit liefern. Auch stilkritische Gesichtspunkte machen die Zuschreibung an Roritzer unwahrscheinlich, da sich in seinem bekannten Oeuvre kein derartiger Bau findet.
Die von Bischof Gundekar gestiftete Johanneskapelle am Südarm des Querhauses wurde 1482 umgeformt. Außen wurden Strebepfeiler vorgesetzt. Der Raum wurde mit einem für die Zeit antiquierten Rippengewölbe in Kreuzform überspannt. Figurenbaldachine dienen als Gewölbeanfänger.
Die Dachgestaltung ist für eine spätgotische Hallenkirche ungewöhnlich. Über dem Mittelschiff sitzt ein steiles Satteldach, die Dächer über den Seitenschiffen und Kapellen sind flach

Blattwerkkonsole mit Maske eines Fabelwesens, am Nordportal (s. S. 22/23).

abgeschleppt, und zwar asymmetrisch. Dieses Schleppdach wurde ursprünglich noch durch eine Attika verdeckt, von der ein Rest an der Nordwestecke erhalten ist. Als Grund wird die Rücksichtnahme auf die Türme genannt, denen dadurch die dominierende Wirkung nicht genommen werden sollte. Blockhaft geschlossen wirkt der spätgotische Bau in Kalksteinquadertechnik, der in den großen Flächen so gut wie keine Gliederung zeigt. Belebt wird die Nordfassade nur durch den Treppenturm und die Strebepfeiler an der ehemaligen Salvatorkapelle.
Im Gegensatz zu dieser Schlichtheit zeigt die eingetiefte Vorhalle des Nordportals reichen plastischen Schmuck. In komprimierter Form stellt die figürliche Ikonographie die Schutzheiligen der Kathedrale vor. Im zweizonigen Tympanon sind der Tod Mariens und die gekrönte Gottesmutter neben Christus dargestellt. Hinter ihrem Sterbebett mit dem Datum 1396 steht Christus, der ihre Seele in den Armen hält. In der oberen Zone wurden die beiden Bauherren Raban Truchseß von Wildburgstetten und Friedrich von Öttingen verewigt. Diese Reliefs aus Kunststein lassen bereits die flüssigen Formen und schönheitlichen Ideale des sogenannten internationalen Stils um 1400 anklingen. Das Tympanon wird eingefaßt von sitzenden Propheten in der Archivolte. In den Hohlkehlen des Gewändes ist eine überaus reizvolle Anbetung der Heiligen Drei Könige mit einer thronenden Maria und der knienden Stifterfigur eines Domherrn angeordnet. Diese Einzelplastiken aus Terrakotta – die Originale sind im Diözesanmuseum ausgestellt – zeigen den internationalen Stil ausgeprägt und

sind deshalb um 1420 anzusetzen. Ebenfalls um Terrakottastatuen handelt es sich bei den seitlich in der Vorhalle angeordneten Diözesanpatronen, den Heiligen Willibald, Walburga, Wunibald und Richard. Sie sind von schlichter Qualität und stellen stilistisch die realistischere Strömung der Mitte des 15. Jahrhunderts dar. Die seltene Tonbildnerei hatte in der Gegend um Eichstätt im Spätmittelalter eine Tradition, für die auch die sogenannte Pollenfelder Ware als Gebrauchsgeschirr signifikant ist. 1619 und 1721 wurde das Nordportal mitsamt den Figuren renoviert.

Von der spätgotischen Ausstattung sind zuvorderst zwei Altäre zu nennen. Die Statuen des heutigen Hochaltars waren nach der Anschaffung des spätbarocken Altars im Jahr 1749 lange Zeit über den Arkaden zur Gundekarkapelle angebracht. 1884 wurden sie wieder vereinigt in einer empirisch nachempfundenen Weise und vergegenwärtigen die mittelalterliche Situation. Zwischen 1924 und 1947 wurden die originalen Gesprengefiguren hinzugefügt. Mit stilistischen Mitteln lassen sich unter den Skulpturen zwei Meister unterscheiden.

Viel beachtet ist der Pappenheimer Altar, der von dem Kanonikus Kaspar Marschalk von Pappenheim 1489 gestiftet wurde. In der Predella ließ sich der Stifter mit zwei geistlichen Familienmitgliedern verewigen. Der aus dem ungewöhnlichen Material Kalkstein gefertigte Schreinaltar war farbig gefaßt. Der Bildhauer, der sein Werk signiert hat, ist der wenig bekannte Mitarbeiter Adam Kraffts in Nürnberg, Veit Wirsberger. Ein Steinmetzzeichen des Meisters HP verweist auf einen Mitarbeiter an der Architektur des Schreins. Die steilen Gesamtproportionen und ein kühnes Gesprenge sind auf den hohen Raum abgestimmt. In einem vielfigurigen Menschengewirr wird die Kreuzigung Christi erzählt – ein Gemälde aus Stein –, wobei die einzelnen Gruppen deutlich gegeneinander abgegrenzt sind. In seiner drastischen und mitteilsamen Darstellungsweise bedient sich der Bildhauer einer empirischen Perspektive, bei der Tiefenwirkung durch geschoßweises Übereinanderanordnen erreicht wird und die Plastizität immer mehr abnimmt. Gut und Böse sind symbolhaft durch vornehme Gestalten und durch unnatürlich verrenkte Figuren mit Fratzen unterschieden.

Die Buchenhüller Madonna, aus Terrakotta mit restaurierter alter Fassung, ist 170 cm hoch. Sie stammt aus der Wallfahrtskirche von Buchenhüll bei Eichstätt, gelangte Anfang der zwanziger Jahre nach Eichstätt und ist heute am südlichen „Vierungspfeiler" aufgestellt. Noch 1893 wurde sie als mittelmäßige Arbeit charakterisiert. Sie ist aus stilgeschichtlichen Gründen in die Zeit um 1420/30 zu datieren. Sie muß zu den „Schönen Madonnen" des internationalen Stils gerechnet werden, deren Hauptvertreter in Südböhmen und Salzburg zu finden sind. Das lebhafte Kind wendet sich von der Mutter ab. In der Melancholie der beiden drückt sich die Vorahnung auf das kommende Leid aus. Die Plastik ist die beliebteste und am meisten verehrte Madonna des Eichstätter Doms.

Der spätgotische Dom besitzt einige Merkmale, die es unmöglich machen, ihn in der meist linear betrachteten Architekturentwicklung unterzubringen, da sie in zeitgleichen Bauten so gut wie unbekannt sind. Durch den weitgehenden Ausfall von schriftlichen Quellen für diese Periode können sie nur durch Vergleiche und hypothetische Kombination erklärt werden.

Kathedralen im Hallenkirchentypus sind eher die Ausnahme. Die Halle wird im Sakralbau bevorzugt in der deutschen Sondergotik angewandt, die dieser Epoche durch die Entwicklung neuer Raumformen eine besondere Bedeutung in der europäischen Kunstgeschichte verlieh. Als Hallenkirchen gebaute Kathedralen gibt es nur in Verden an der Aller, Paderborn und Magdeburg, doch sind sie in Stil und Typus mit Eichstätt nicht vergleichbar. Der in der älteren Kunstgeschichte oft apostrophierten Charakterisierung der Hallenkirche als Bautyp des erstarkenden spätmittelalterlichen Bürgertums wäre mit dem Eichstätter Domlanghaus ein weiteres Gegenbeispiel hinzuzufügen, da es sich hier um eine reine Kathedralkirche handelt.

Im Grundriß hielt man sich weitgehend an den romanischen Vorgängerbau, ja man übernahm sogar Fundamente und aufgehendes Mauerwerk. Der Ostchor ließ sich durch die Lage der Türme nur als einschiffige Anlage verwirklichen im Gegensatz zu den seit der Heilig-Kreuz-Kirche in Schwäbisch-Gmünd beliebten und immer mehr verfeinerten Hallenchören mit Umgang. Deshalb kommt in Eichstätt u. a. ein „Reduktionscharakter" zum Tragen. Ein Ausdehnen in die Breite mit Einbeziehung der Türme in die Längsfassade, wie man es etwa um die gleiche Zeit im Augsburger Dom verwirklichte, war in Eichstätt z. B. wegen des Kreuzgangs nicht durchführbar.

Für sondergotische Hallenkirchen ist ein Stützenwechsel ziemlich ungewöhnlich. Gleichförmige Stützenreihen streben sonst seit den großen Parler-Bauten nach Raumvereinheitlichung und Beruhigung. Die nicht übermäßig schlanken Eichstätter Rundpfeiler, die auch bereits das Gewölbe durchstoßen, stehen formal in spätgotischer Tradition, aber der Querschnitt der siebeneckigen Pfeiler ist kaum zu erklären. Es wäre durchaus denkbar, daß darin der frühromanische Vorgängerbau zitiert worden ist, bei dessen Entstehungszeit in salischer Zeit ein Stützenwechsel z. B. in der rheinischen Form (vgl. St. Maria im Kapitol in Köln) möglich gewesen wäre.

Im Gegensatz zu dieser retrospektiven Stilhaltung ist das Wandsystem mit den Kapellen im Norden fortschrittlich zu nennen. In der sogenannten Wandpfeilerhalle sind die Kapellen zwischen ganz nach innen gezogenen Wandpfeilern bis zur vollen Höhe der Seitenschiffe geöffnet. In der Kunstgeschichte ließ man die Umstellung auf diesen Typus bislang erst im 15. Jahrhundert beginnen mit einem Werk des Hans von Burghausen, dem Chor der Franziskanerkirche in Salzburg, und setzte den entwickelten Typ mit der Münchener Frauenkirche an. Da das Eichstätter System wohl mit keinem der bekannten großen Baumeister in Verbindung zu bringen ist und es wahrscheinlich als Synthese aus dem Vorgegebenen und einer sukzessiven, zweckbetonten Planung entstanden ist, kann es sich nur um einen lokalen Sonderfall handeln. Das Querhaus, das in der frühromanischen Periode als selbständiger Bauteil zwischen Ostchor und Langhaus eingeschoben wirkte und aus der Flucht herausragte, suchte man im Sinne der sondergotischen Raumvereinheitlichung zu integrieren bzw. aufzulösen. Im Grundriß ist dies auch gelungen, indem das Langhaus die gleiche Breite erhielt und der Charakter der „Vierung" durch die eingestellten Pfeiler gemildert wurde. Einen trennenden Akzent setzen allerdings die konstruktiv bedingten stärkeren Vierungspfeiler, die Fassaden mit den großen Fenstern und die Dachgestaltung. Das Dreistrahlgewölbe im Querhaus könnte – in umgekehrter Ausrichtung – der kurz vorher entstandenen Zisterzienserkirche in Kaisheim entlehnt worden sein, die auch für die fränkische Baukunst in mancher Hinsicht bestimmend war, denn dieses Element taucht im südlichen Franken kaum noch auf.

Kreuzgang und „Mortuarium"

Nach Abschluß der Bauarbeiten am spätgotischen Dom ging das Domkapitel an die Erneuerung des romanischen Kreuzgangs, der sich durch seine ungewöhnliche Lage auszeichnete. Er enthielt in seinem Westflügel eine Kapelle der hl. Afra. Diese diente als Begräbnisstätte der Kanoniker und trug später den Titel St. Margareta und Leonhard. Mehrere Altäre wurden im Laufe der Zeit dort aufgestellt, ein Blasius-Altar als letztes Relikt ist bis ins frühe 19. Jahrhundert nachweisbar. Auskunft über die Baugeschichte des Kreuzgangs geben Domkapitelsprotokolle, Bauinschriften und der Baubefund. Die Ausführung zog sich relativ lange hin und ist offensichtlich mehrmals unterbrochen worden. Begonnen wurde um 1410/20 mit dem Nordflügel, der Ost- und Südflügel entstand in einem Zug um 1460/70, und als Höhepunkt errichtete man um 1480 bis 1504 den Westflügel in Form einer zweischiffigen Halle, die 1489 eingeweiht wurde. Sie hatte wie zuvor die Bestimmung einer Sepultur des Domkapitels, wurde in den zeitgenössischen Quellen als „Grebnus" bezeichnet und ist landläufig seit zwei Jahrhunderten unter dem in der Architektursprache unbekannten, lokalspezifischen Begriff „Mortuarium" bekannt. Aus den angeschnittenen Jochen im Nord- und Südflügel ist zu folgern, daß diese vor Errichtung des breiten Mortuariums weiter nach Westen reichten.
In Kreuzgang und Sepultur spürt man eine Atmosphäre der Stille und Sammlung. Sie gehören zu den gelungensten Schöpfungen der Spätgotik und zeichnen sich durch einen besonderen malerischen Reiz aus. Am Nordflügel fällt das für diesen Bautyp seltene Dreistrahlgewölbe auf, bei dem optisch das Gewicht des Gewölbeschubes in jedem Joch die Seite wechselt. Die verschiedensten Sternfigurationen bereichern die Gewölbe des Ost- und Südflügels. Der Reichtum der Bauplastik entfaltet sich an Konsolen und Schlußsteinen. Das Raumerlebnis erfährt im zweischiffigen Mortuarium eine nochmalige Steigerung. Es gehört sowohl in den Proportionen als auch in der Stimmung zu den besten Leistungen, die die Baukunst in diesem Typ, der sich häufig in Klosteranlagen findet, hervorgebracht hat. Gleichberechtigt stehen sich die beiden Schiffe gegenüber, die durch die Pfeilerreihe – wieder mit Stützenwechsel – nicht eigentlich getrennt werden. Sie stehen, wie es Hans Sedlmayr formulierte, „mitten im Raum". Mit dieser Lösung wurde ein wichtiges Prinzip spätgotischer Architektur verwirklicht, und dabei fällt nicht ins Gewicht, daß die Scheidbögen stärker profiliert sind als die Rippen des Rautennetzgewölbes. Betont wurden die Endpunkte der Pfeilerreihe, wobei sich um die sogenannte „Schöne Säule" Astwerk, Krabben und ein Band mit folgender Inschrift winden: Presens edificiu(m) dedicatu(m) fuit ano salutis 1489 diue virgini ac sancto Willibaldo omnib(u)sq(ue) a(n)i(m)abus. Qui transis anime oro dic in pace quiescant. (In meiner Gegenwart wurde das Bauwerk im Jahre 1489 der Jungfrau Maria, dem hl. Willibald und allen Seelen geweiht. Wer hier vorbeigeht, möge für die Seelen beten, die in Frieden ruhen.)
Der Baumeister dieser Sepultur brachte großes Geschick für die räumliche Atmosphäre mit. Er muß eigentlich von auswärts gekommen sein, da Eichstätt zu dieser Zeit keinen derart begabten Baumeister besaß. Deshalb ist es zweifelhaft, ob es sich um Hans Paur handelt, der sich in der Portraitbüste an der Nordwand verewigt hat, da er als sogenannter „Thummaister" mehr eine ausführende Funktion hatte.

Das Kreuzganggeviert wird umschlossen im Osten von der ehemaligen Domschule, dem heutigen Pfarrheim der Dompfarrei und im Süden von einem ehemaligen „Kasten" (Speicher) des Domkapitels. Letzterer wurde von 1977 bis 1982 von Karljosef Schattner zu einem Teil des Diözesanmuseums umgebaut. Das Mortuarium wurde vom Residenzplatz im späten 19. Jahrhundert erst durch ein neugotisches Portal erschlossen. Im Kreuzhof herrscht eine Atmosphäre der Ruhe und Abgeschiedenheit, die nicht unwesentlich von der Architektur ausgeht, es mangelt nicht an reizvollen und malerischen Perspektiven. Die Fassaden im Kreuzgang strahlen eine merkwürdige Ausgeglichenheit von Vertikale und Horizontale aus, besonders die Fenstergruppierung der Obergeschosse, die in dieser Art in der Spätgotik kaum anzutreffen ist. Die breiten Maßwerkfenster des Erdgeschosses setzen über einer niedrigen Brüstung an und gliedern in gleichmäßigem Rhythmus die Wände. Eigentümlich sind die Strebepfeiler aufgebaut: Sie bestehen u. a. aus Säulen mit romanisch wirkenden, variierten Eckknollen, die bislang als Spolien des Kreuzgangs aus dem 11. Jahrhundert galten. Allerdings

Die Fassade des nördlichen Kreuzgangflügels zum Innenhof (s. S. 34).

weichen Materialbehandlung, Proportionen und gestalterische Details von original romanischen Vorbildern ab, weshalb sie später entstanden sein müßten. Ihre Datierung wird aber durch die Nichtanwendungsmöglichkeit stilgeschichtlicher Kriterien erschwert. Möglich wäre eine Entstehung gleichzeitig mit dem spätgotischen Kreuzgang, was einen ungewöhnlichen Rückgriff auf überlieferte Formen bedeuten würde.
Seit 1959 ist der Kreuzhof Begräbnisstätte für das Domkapitel. 1961 wurde die Plastik des „Guten Hirten" von Blasius Gerg aufgestellt, die in schlichter expressiver Form Christus zeigt und zugleich auf den Gekreuzigten verweist. Das Mortuarium ist mit Resten von Glasmalereifenstern nach Entwürfen von Hans Holbein d. Ä. ausgestattet. Sie stehen stilgeschichtlich an der Wende von Spätgotik zur Renaissance, was sich in der Reinheit der Farben und im Bildcharakter ausdrückt. Das Kupferstichkabinett in Basel besitzt eine Vorzeichnung von Holbein für ein nicht mehr erhaltenes Glasfenster des Doms.

Bautätigkeit und Ausstattung im 16., 17. und 18. Jahrhundert

Loy Hering, die wichtigste Eichstätter Künstlerpersönlichkeit des 16. Jahrhunderts, die auch überregionale Bedeutung erreichte, verlieh mit seinem Willibald-Denkmal dem Dom eine großartige plastische Komposition, die noch heute trotz Veränderung den künstlerischen Mittelpunkt bildet. Die Bearbeitung des Jurakalksteins trieb der in Augsburg ausgebildete Bildhauer bis zur Perfektion. Der Stein ist extrem glatt poliert. Laut Inschrift im Sockel entstand im Jahre 1514 dieses Renaissance-Bildwerk im Auftrag des Bischofs Gabriel von Eyb. Das Denkmal war kombiniert mit dem Willibald-Altar, auf dem sich der gotische Reliquienschrein befunden haben muß. Durch die runde Öffnung über der Muschelnische konnte vermutlich das Heiligtum berührt werden. In einem Stich aus dem 18. Jahrhundert ist die originale Ansicht von Osten überliefert: Die Nische war flankiert von zwei Säulen und wurde abgeschlossen von einem Dreiecksgiebel. Darauf befand sich die lebensgroße Kreuzigungsgruppe, die Gregor Erhart zugeschrieben wird. Doch das Hauptstück, die sitzende Figur des Bischofs Willibald, zieht nach wie vor durch ihren Naturalismus die Besucher in seinen Bann. Der Greis mit seinen müden Augen ist gezeichnet von den Anstrengungen eines reichen Lebens. Er stützt sich auf den Bischofsstab und hat Mühe, die aufrechte Haltung beizubehalten. Die Ornamentik an Gewand und Rationale (das Schulterstück über der Kasel) ist aufs feinste ausgearbeitet.
Aus Anlaß des tausendjährigen Bistumsjubiläums 1745 wurde der Altar von Matthias Seybold im Sinne des Spätbarocks umgestaltet. Mit Marmorsäulen wurde eine Baldachin-

Wolfstein-Epitaphaltar, 1519/20 von Loy Hering, an der Westwand des südlichen Seitenschiffs (s. S. 53). Vorbild für die „Himmelfahrt Mariä" war Dürers Holzschnitt aus dem „Marienleben".

komposition geschaffen, deren Mitte über dem Tabernakel die Reliquien des hl. Willibald in einem Sarkophag birgt.

Loy Hering, der auch als Ratsmitglied in Eichstätt Ansehen genoß, entfaltete mit seiner Werkstatt in der ersten Hälfte des 16. Jahrhunderts ein umfangreiches Oeuvre, das sich in erster Linie in Grabdenkmälern des Eichstätter Domes niederschlug. Aber auch die beiden monumentalen Kruzifixe in der Gundekarkapelle und im Mortuarium vermitteln einen Eindruck davon, wie intensiv der Künstler den Todeskampf Christi mitzuempfinden vermochte.
Der Epitaphaltar des Bischofs Martin von Schaumberg (1560–1590) ist eine typische Schöpfung des deutschen Manierismus mit seinem klar abgesetzten, geschoßweisen Aufbau. Ausgeführt wurde er um 1570 von Philipp Sarder. Als Schöpfung Hans Krumpers gilt das Denkmal für den großen

Bischof Johann Konrad von Gemmingen (1595–1612) im Ostchor. In Meditation über das Kreuz versunken bildet die liegende Bronzeplastik das Zentrum der frühbarocken Anlage.
Um 1618 wurde der Schaugiebel des Querhauses auf der Domplatzseite gestaltet. Erst allmählich, also nicht nach einem einheitlichen Konzept, wurden die südlichen Seitenkapellen ausgebaut: Die Seckendorff-Kapelle glich man 1592 gestalterisch dem Bestand an und übernahm auch das Kreuzrippengewölbe. Bischof Kaspar von Seckendorff stiftete 1590 den steinernen Epitaphaltar, den wohl Wolf Beidmüller als dreiteiliges Renaissanceretabel schuf. Darin ließ sich der Bischof betend vor dem Gnadenstuhl darstellen. In der Hundpiß-Kapelle, der heutigen Sängerempore, wurde 1621 ein Katharinen- und Barbara-Altar konsekriert. Nach der Verwüstung Eichstätts durch die Schweden 1633 und 1634 waren im Dom nur Reparaturen am Dachstuhl notwendig. 1692 wurde die Spethkapelle gestiftet und mit italienischem Stuck ausgestattet.
Die nächste Kapelle wurde durch Domdekan Rudolph Theodorich von Freyberg gestiftet. Sie wurde um 1710 errichtet, 1722 entstand das ehemalige Altargemälde von Johann Georg Bergmüller. Das Freyberg-Epitaph wurde 1940 in die Spethkapelle versetzt. Nach 1745 entstand die westliche Kapelle St. Andreas als Stiftung des Bischofs Franz Ludwig Schenk von Castell. Seit sie im 19. Jahrhundert die spätgotische Madonnenstatue der Bäcker aus der ehemaligen Kollegiatpfarrkirche birgt, wird sie Bäckerkapelle genannt. Formal wurde bei diesen Kapellen das spätgotische System fortgeführt, sogar unter Nachbildung der drei- und vierbahnigen Maßwerkfenster.
Eine bedeutsame Veränderung sowohl im Hinblick auf die künstlerische Qualität als auch auf das Stadtbild war die Vorblendung der Westfassade des Willibaldchors durch Gabriel de Gabrieli. Sie gehört auf Grund der architektonischen Spannung und als Blickfang in der Achse des wichtigsten Stadteingangs über die Spitalbrücke zu den besten Leistungen des 18. Jahrhunderts in der an Barockem nicht armen Stadt. In den Jahren 1714 bis 1718 entstand diese Prachtfassade im Auftrag des Fürstbischofs Johann Anton I. Knebel von Katzenellenbogen. Er setzte seinen Wunsch gegen das Domkapitel als Geste des Dankes für den Frieden nach dem Spanischen Erbfolgekrieg durch. Auf der Attika wurden weithin sichtbar die Statuen der Kirchenpatrone, Maria und die vier Diözesanheiligen, postiert. Bis auf die hl. Walburga, die 1960–1962 durch eine Kopie ersetzt wurde, hielten die exponierten Kalksteinskulpturen der Witterung stand.

Über die Barockisierung des Inneren ist nur wenig bekannt. Es ist kaum anzunehmen, daß die Raumschale gänzlich ausstuckiert oder freskiert war. Bestimmt war aber die Farbfassung damals in einem kühlen Ton gehalten. Im Jahr 1745 wurde das tausendjährige Gründungsjubiläum des Bistums festlich begangen. Dies schlug sich in der Erneuerung des Grabaltars des Bistumsgründers nieder. Von Hofbildhauer Matthias Seybold wurde die Loy Heringsche Anlage verändert, d. h., sie wurde ohne den Aufsatz mit der Kreuzigungsgruppe in einen spätbarocken Baldachinaltar aus Marmor integriert. An die zentrale Stelle setzte er ein sarkophagartiges Gehäuse für die Reliquien. Auch den Hochaltar schuf im Jahre 1749 Matthias Seybold anläßlich des fünfzigjährigen Priesterjubiläums von Bischof Johann Anton II. von Freyberg. Der leichte und schwungvolle Rokokoaltar war eine marmorne Baldachinanlage mit sechs Säulen. Um den Altarraum von Licht durchfluten zu lassen, entfernte man die Fenstermaßwerke mit den bemalten Scheiben. Das theologische Programm des Altars wurde vom Vorgänger übernommen, dessen Skulpturen man aus Ehrfurcht an der südlichen Querhauswand anbrachte.
Als gelungenes Pendant zum Gemmingen-Denkmal wurde eine Memorie für drei Bischöfe aus dem Hause Schenk von Castell 1729–1731 von Gabriel de Gabrieli entworfen und von Wilhelm de Groff ausgeführt. Als halb liegende Gestalt ruht Marquard II. auf dem Sarkophag und blickt konzentriert nach oben. Vor den Seitenteilen der großzügigen Anlage stehen die Bronzebüsten von Johann Euchar und Franz Ludwig. Vier anspruchsvolle Grabdenkmäler des späten 18. und frühen 19. Jahrhunderts wurden in der Mitte des Langhauses aufgestellt.

Die Hochphase des Rokoko offenbart sich in der Arbeit Joseph Anton Breitenauers für Marquard Wilhelm Graf von Schönborn († 1770). Der Sohn des Künstlers, Ignaz Alexander Breitenauer, vertrat die klassizistische Richtung in dem Denkmal für Philipp Karl Graf von Oettingen.

Das 19. Jahrhundert

In kirchenrechtlicher Funktion brachte das Jahr 1808 für die Kathedrale eine einschneidende Veränderung mit sich. Da die Kollegiatpfarrkiche am Markt abgebrochen werden sollte, übertrug man die Pfarrei auf den Dom, so daß seither der Dom zusätzlich zur Bischofskirche auch ein pfarrliches Zentrum der Stadt ist. Der Dompfarrei wurde die Gundekarkapelle als Sakristei zugewiesen, weshalb die frühromanischen Arkaden zugesetzt wurden. Als Auswirkung der Säkularisation gingen Teile des Kreuzgangs in Privatbesitz über. Im Ost- und Südflügel wurden die Fenstermaßwerke zerstört und Ställe eingerichtet. Das Mortuarium wurde zum Abstellraum. 1866 konnte das Domkapitel den Kreuzgang zurückerwerben und mit seiner Renovierung beginnen.
Unter Bischof Franz Leopold Freiherr von Leonrod wurde eine purifizierende Renovierung des Doms in Angriff ge-

Die Orgel von der Firma Hubert Sandtner, Dillingen. Bauzeit 1973–1976, mit 68 Registern, vier Manualen und ca. 5000 Pfeifen. Der Prospekt wurde künstlerisch gestaltet von Theo Heiermann und Elmar Hillebrand, beide in Köln (s. S. 55).

Eingang des Diözesanmuseums, datiert 1505. Das Portal wurde von der 1818 abgebrochenen Kollegiatpfarrkirche ins Mortuarium transferiert.

nommen, die von 1881 bis 1893 dauerte. Man gab ihm zum 1100-jährigen Todestag des hl. Willibald in historistischer Euphorie ein „ideales" Aussehen. Zuvor bereits wurden in einigen Seitenkapellen neugotische Altäre errichtet. Die gesamten Dekorations- und die Glasmalereien im Langhaus besorgte Fritz Geiges aus Freiburg i. Br., im Ostchor die Mittermaiersche Glasmalereianstalt (München) und die plastische Ausstattung wie Altäre und Kanzel die Firma Stärk und Lengenfelder aus Nürnberg. Die Lauretanische Litanei diente als ikonographisches Programm für die Glasmalereien. Pfarrer Sebastian Mutzl wirkte als Berater, lieferte Entwürfe und malte auch selbst. Am Ostchor wurden die Strebepfeiler nach historistischem Verständnis restauriert und in die Fenster neue Maßwerke eingesetzt. Den Seyboldschen Hochaltar verkaufte man an die Stadtpfarrkirche Deggendorf und rekonstruierte nach dem Vorschlag Mutzls den spätgotischen Flügelaltar mit den erhaltenen originalen Skulpturen. Im Ostchor wurde eine steinerne Sedilie entdeckt und im spätgotischen Sinn ergänzt. Auch ein Chorgestühl wurde im neugotischen Stil angefertigt. Als Dank für den Einsatz Bischof von Leonrods ließ der Diözesanklerus die Leonrodkapelle mit einem Altar seines Namenspatrons und mit Glasmalereien ausstatten.

Das 20. Jahrhundert

Von 1939 bis 1947 zog sich die nächste Renovierung hin. Die Arbeiten führte der später in Eichstätt ansässige Kirchenmaler Konrad Schmer aus. Einige Altäre und Grabdenkmäler wurden versetzt. Dächer und Fassaden wurden 1958–1965 instandgesetzt. Anlaß für die umfangreiche Restaurierung und Umgestaltung von 1972 bis 1975 war der Einbau einer Fußbodenheizung, dem die archäologische Grabung voranging. Die gestalterische Leitung wurde aufgrund eines Wettbewerbs den Architekten Gottfried Böhm und Nikolaus Rosiny aus Köln übertragen. Die wichtigste Maßnahme war die Schaffung eines zentralen Zelebrationsaltars, der den Vorstellungen der Liturgiereform entsprach. Dazu opferte man die seitlichen Chorschrankenmauern, die die „Vierung" vom Querhaus trennten. Den Altar und die Reliefs an den unterfangenen Pfeilern gestalteten Elmar Hillebrand und Theo Heiermann (Köln). Als günstigster Standort für die neue Orgel von Hubert Sandtner, Dillingen, wurde ein bisher nicht ausgebauter Wandpfeileranraum im Süden erachtet. Den eigenwilligen Prospekt entwarf Elmar Hillebrand. Die ehemalige Gundekarkapelle widmete man zur Sakramentskapelle um und öffnete wieder die Arkaden. Anstelle einer Remise im Residenzhof wurde die zentrale Sakristei geschaffen. In dem dadurch frei gewordenen Erdgeschoß der Kapitelsakristei erhielt das Domkapitel einen adäquaten Raum für das gemeinsame Gebet. Bei der neuen Farbfassung des Doms orientierte man sich an mittelalterlichen Befunden, wählte für die Architekturgliederung eine steinsichtige Fassung und übernahm die 1939–1947 freigelegten dämonischen Masken am Gewölbe.

Der Domschatz

Im Gegensatz etwa zu Bamberg oder Köln gelangte der Eichstätter Domschatz nie zu solcher Berühmtheit und wurde auch in früherer Zeit nicht museal für sich betrachtet. Das heißt, die Bezeichnung gab es bisher eigentlich nicht. Daß Eichstätt nicht in einem Zug mit anderen bedeutenden Domschatzkammern genannt wurde, liegt sicher mit daran, daß hier mehr verloren gegangen ist als anderswo. Dennoch haben sich wertvolle und interessante Stücke erhalten: liturgische Geräte, Reliquiare, Paramente und andere Gegenstände, die gemeinhin aufgrund des materiellen und kunsthistorischen Wertes und der hervorragenden Funktion als sakrale Pretiosen bezeichnet werden. Eine Auswahl der schönsten Stücke ist seit 1982 im Diözesanmuseum ausgestellt, und zwar in einer ansprechenden Präsentation, deren Konzeption theologisch und historisch von Andreas Bauch geprägt wurde.

Als die ältesten Teile des Domschatzes gelten die sogenannte Willibaldskasel und das Jakobus-Fingerreliquiar, vermutlich byzantinischer und venezianischer Provenienz aus dem 12./13. Jahrhundert. Von besonderer Bedeutung für die Eichstätter Diözesangeschichte ist das Rationale des Bischofs.

Die Willibaldkasel entstand vermutlich im 12. Jahrhundert in Byzanz. Die Kasel wurde seit alters her mit dem hl. Willibald in Beziehung gebracht und in der Willibaldsfestwoche zusammen mit gleichgearteten Gewändern (Albe, Stola, Manipel und Schultertuch) im Dom zur Verehrung ausgestellt. Sie hatte ursprünglich die Glockenform und wurde im 16. oder 17. Jahrhundert umgearbeitet. Sie besteht aus ungemustertem Seidengewebe, die Stickerei in Seide mit doppelt angelegtem Goldfaden, die Binnenzeichnung, Ornamente und Konturen waren ursprünglich mit kleinen Perlen besetzt.

Das Jakobusreliquiar, venezianisch (?) 12./13. Jahrhundert, ist ein sogenanntes sprechendes Reliquiar in der Form eines gebogenen Fingers. Es wurde 1888 irrtümlich als „digitus S. Matthaei" gedeutet. An der Innenseite des Türchens ist eine nicht vollständig auflösbare Inschrift. Goldfiligran, Email, Perlen und Edelsteine heben das Stück (Höhe etwa 11 cm) auf ein hohes künstlerisches Niveau.

Das spätgotische Rationale des Bischofs Johann von Eych (1445–1464) ließ wohl sein Nachfolger Wilhelm von Reichenau in testamentarischem Auftrag anfertigen aus rotem Seidengrund, mit golddurchwirkten Fäden und Flußperlen. Bis zum 18. Jahrhundert wurde dieses Rationale immer wieder von Künstlern reproduziert. Das Vorkommen des Rationale kann bis ins 10. Jahrhundert zurückverfolgt werden. Heute ist diese Pontifikalinsignie kaum noch bekannt. Sie wird als Schulterstück über dem Meßgewand getragen, und dieser Brauch wird nur noch von vier Bischöfen (Eichstätt, Paderborn, Krakau und Toul-Nancy) ausgeübt. Das Tragen des Rationale muß als Privileg des Bischofs angesehen werden und gilt als besondere Auszeichnung. Dieses Privileg hat sich Eichstätt mehrfach vom Papst bestätigen lassen.

Überwiegend Augsburger Künstler schufen die Goldschmiedearbeiten des 17. und 18. Jahrhunderts.

Der Dom zu Eichstätt ist das geistige Zentrum der an Katholiken kleinsten deutschen Diözese. Er wurde in seiner Gestalt seit der Gründung durch den hl. Willibald mehrfach verändert. Doch bei all den Erneuerungen und Umformungen behielt man respektvoll den Ort bei und sorgte so für ein hohes Maß an Traditionsbewußtsein, das sich immer auf den hl. Willibald bezog. Da Eichstätt in seiner Geschichte kein führendes Kunstzentrum ist, scheint nur phasenweise das Können überregional bedeutender Künstler auf.
In der Architektur des Doms stellt man ein Nebeneinander progressiver Elemente, z. B. die Wandpfeilerhalle, und retrospektiver Gestaltung fest, z. B. den Stützenwechsel, den Ostchor, das Integrieren der romanischen Bauteile und die eigentümlich archaisierenden Strebepfeiler am Kreuzgang. Durch dieses Phänomen spielt der Eichstätter Dom in der deutschen Architektur des Mittelalters eine besondere Rolle, und er läßt sich auch kaum in die bisher gültige Kunstgeschichtsdarstellung einordnen. Daneben machen stille und idyllische Winkel, das städtebauliche Gewicht und eine über Jahrhunderte nie abgerissene Tradition, wie sie sich etwa an den vielen Grabdenkmälern von unterschiedlichster Künstlerhand ablesen läßt, seinen Reiz für uns heute aus.

Eine Wange des neugotischen Chorgestühls im Ostchor (s. S. 60).

DOMPLATZ UND DOM von Nordosten.

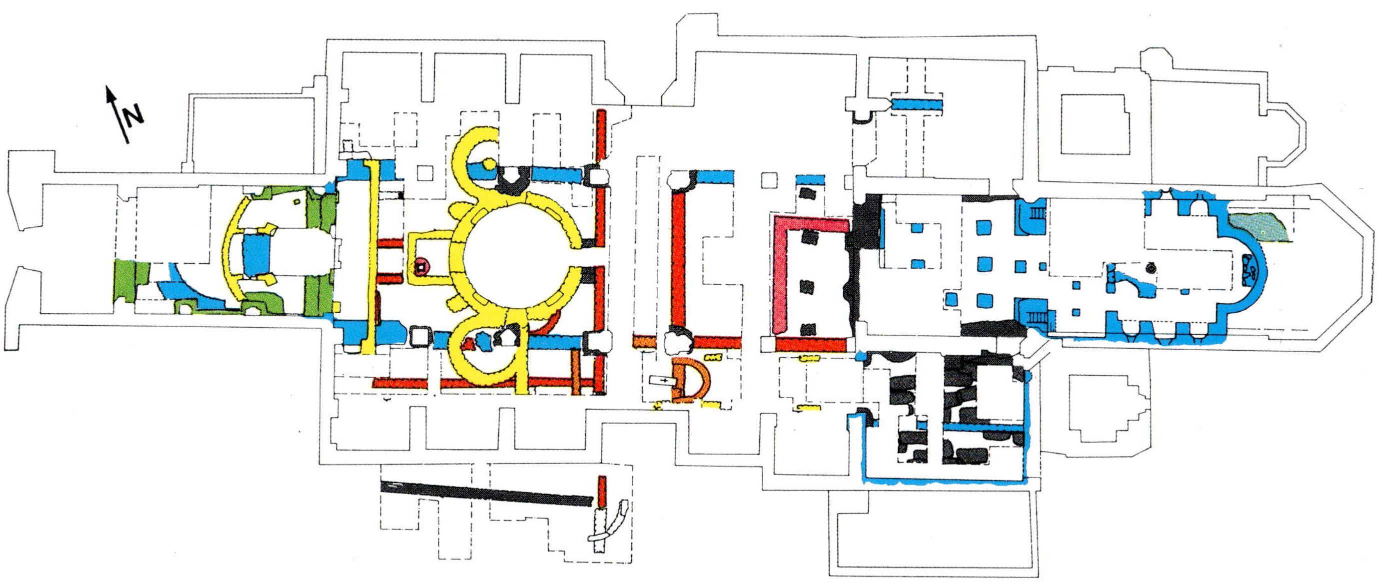

vorwillibaldinisch

Periode I (8. Jh.)

Periode I a

Periode II (10. Jh.)

Gräber Periode I/II

Periode III (roman. Bau)

frühromanisch

frühgotisch (13. Jh.)

spätgotisch (ab Mitte 14. Jh.)

Die Befunde der Grabungen von 1970/72 ohne Bodenverfärbungen (aus W. Sage 1976/77, s. Literatur).

EICHSTÄTT IM ALTMÜHLTAL MIT WILLIBALDSBURG von Nordwesten. Gründung der Willibaldsburg durch Bischof Berthold von Zollern um die Mitte des 14. Jahrhunderts, nach 1593 Umbau nach Plänen von Elias Holl zum Residenzschloß, 1725 Verlegung des Bischofssitzes in die Stadt.

DER HISTORISCHE STADTKERN. Luftaufnahme von Willibald Liepold, freigegeben von der Regierung von Oberbayern Nr. G. S. 300/9972/84.

DOMPLATZ UND DOM von Nordosten.

Die spätbarocke WESTFASSADE des Willibaldchors, 1714–1718 von Gabriel de Gabrieli erbaut, auf der Attika die Statuen der vier Diözesanpatrone und Marias.

Links: *THRONENDE MARIA der Dreikönigsgruppe am Nordportal.*

Rechts: *DIE PROPHETEN in der Archivolte des Nordportals.*

Das spätgotische NORDPORTAL mit Figurenschmuck in der eingetieften Vorhalle.

Lebensgroßer KRUZIFIXUS VON LOY HERING, Kalkstein, um 1520, in der ehemaligen Johanneskapelle. Das Kreuz ist heute kombiniert mit einem modernen Tabernakel.

Oben links: DAS SCHWEISSTUCH CHRISTI von zwei Engeln getragen als Gewölbekonsolstein in der ehemaligen Kapitelsakristei.

Oben rechts: ENGEL MIT SPRUCHBAND als Gewölbekonsolstein in der ehemaligen Kapitelsakristei.

Unten: FIGÜRLICHER KONSOLSTEIN um 1482 in der Johanneskapelle.

DER OSTCHOR MIT KAPITELSAKRISTEI von Norden.

DER CHOR DER KAPITELSAKRISTEI.

DAS GEWÖLBE DER KAPITELSAKRISTEI, das sich vom Mittelpfeiler aus entfaltet. Der östliche Gewölbeanfänger überschneidet den Chorbogen und hängt frei herab.

DIE EHEMALIGE KAPITELSAKRISTEI als Gebetsraum eingerichtet. Der neugotische Altar umschließt spätgotische Reliefs und Figürchen verschiedener Provenienz. Er wurde 1912 von Domkapitular Franz Xaver Herb gestiftet.

Die von Bischof Gundekar gestiftete JOHANNESKAPELLE, heute Sakramentskapelle, mit seinem Hochgrab im Vordergrund. An der östlichen Schmalseite das LOY-HERING-KREUZ mit dem Tabernakel von Gottfried Böhm und Nikolaus Rosiny (1972–75).

PORTAL ZUM NORDFLÜGEL DES KREUZGANGS am P.-Philipp-Jeningen-Platz, die beiden Holzskulpturen des hl. Richard und des hl. Willibald aus dem frühen 18. Jahrhundert.

MASSWERK IM KREUZGANGOSTFLÜGEL. Das Original der kompositionell interessanten Ölbergszene mit dem betenden Christus, den schlafenden Jüngern und den herannahenden Häschern befindet sich im Bayerischen Nationalmuseum.

DER GUTE HIRTE von Blasius Gerg im Kreuzgarten, seit 1961.

DER SÜDFLÜGEL DES KREUZGANGS nach Westen.

DER NORDFLÜGEL DES KREUZGANGS nach Westen.

DAS MORTUARIUM nach Süden.

DAS GEWÖLBE DES MORTUARIUMS.

DAS MORTUARIUM nach Nordosten.

Bilderläuterung siehe Seite 39 oben.

S. 38: GLASMALEREIFENSTER IM MORTUARIUM mit dem JÜNGSTEN GERICHT, um 1505. Es wird seit alters her Hans Holbein d. Ä. zugeschrieben. Die Stilkritik und Holbeinvorzeichnungen in Basel mit Eichstätter Ikonographie erhärten diese Zuschreibung. Maria und Johannes leisten Fürbitte für die Seelen. Auf den Seiten der Erlösten und Verdammten sind gleichermaßen die mittelalterlichen Stände vertreten. In der unteren Zeile das Stifterwappen derer von Rechberg, links Wilhelm von Rechberg mit seinem Namenspatron, rechts die hll. Leonhard und Margareta.

Rechts: Glasmalereifenster von Holbein d. Ä. im Mortuarium mit der KREUZIGUNG CHRISTI. Es wurde gestiftet von dem 1490 verstorbenen Kanonikus Johannes von Seckendorff als Epitaph.

Nicht vollständig erhaltene Glasmalerei von Hans Holbein d. Ä. mit Halbfiguren des HL. JOHANNES EVANGELIST, MARIA UND DES HL. WILLIBALD unter Maßwerkbaldachinen, zwischen 1495 und 1500.

Bilderläuterung siehe Seite 41.

An der Nordseite des Mortuariums eingemauertes Tympanon mit dem JÜNGSTEN GERICHT. Das Wappen des Bischofs Johann von Heideck grenzt die Entstehungszeit in die Jahre 1415–1429 ein. Angeblich befand es sich vor 1818 in der Kollegiatpfarrkirche.

S. 40: LEBENSGROSSE KREUZIGUNGSGRUPPE VON LOY HERING an der Südseite des Mortuariums. Kalkstein, 1541. Die Maria Magdalena wurde im 18. Jahrhundert ersetzt. Die Gruppe befand sich bis 1948 im Ostfriedhof der Stadt. Die Komposition ist gegenüber dem früheren Kruzifix (s. S. 24) noch realistischer. Typisch für Loy Hering ist das abstehende Lendentuch.

SÜDFASSADE DES MORTUARIUMS, im Obergeschoß befindet sich der ehemalige Kapitelsaal (Teil des Diözesanmuseums). Das Portal, das in das große Maßwerkfenster hineinragt, wurde im späten 19. Jahrhundert eingebrochen.

Bilderläuterung siehe Seite 43.

S. 42: Das stuckierte GEWÖLBE DER SPETHKAPELLE. Ausgeprägte plastische Formen umkleiden die architektonischen Gliederungselemente. Der Stifter der Kapelle, Domdekan Johann Heinrich Speth von Zwiefalten, beauftragte für das Altarblatt den Münchner Hofmaler Johann Caspar Sing.

Rechts: DIE EYBKAPELLE MIT DEM IPHOFENER ALTER. Neugotisches Gehäuse und Gesprenge von Stärk und Lengenfelder. Die Schreinfiguren aus der Zeit um 1500 (Christus und Gottvater) wurden aus Iphofen (Kreis Kitzingen) erworben. Im Vordergrund der spätgotische Taufstein, um 1470/80 mit neugotischem Holzdeckel.

Links: Der neugotische WUNIBALDALTAR in der Freybergkapelle, die spätgotischen Schreinfiguren St. Wunibald und St. Rupert um 1535, St. Nikolaus um 1510 wurden zwischen 1940 und 1947 mit dem Altar kombiniert. Die Flügelreliefs zeigen die Martyrien der hll. Vitus, Georg, Valentin und Quirin.

DAS NÖRDLICHE SEITENSCHIFF nach Osten, im Vordergrund der Ölbergaltar in der Eiszepfkapelle, um 1601, im Hintergrund der Pappenheimer Altar.

Blick aus dem nördlichen Seitenschiff zum PAPPENHEIMER ALTAR, rechts das Grabmal für Marquard Wilhelm Graf von Schönborn (s. S. 49).

Der Schrein des EPITAPH-ALTARS des Kanonikus Kaspar Marschalk VON PAPPENHEIM verrät eine virtuose Behandlung des Kalksteins. Veit Wirsberger schuf nach 1489 diese in der Spätgotik beliebte Massenszene einer Kreuzigung. Die einzelnen Figurengruppen sind zwar einerseits noch in der Tradition additiv angeordnet, sind aber andererseits für das Bildganze so ineinander verschränkt, daß eine große Figurendichte entsteht. – Die genauen Wiederga-

ben der topographischen Ansichten des Felsendoms von Jerusalem und des Dogenpalasts von Venedig hat der Künstler aus dem 1486 gedruckten Werk „Opusculum sanctorum peregrinationum" entnommen. Sie könnten eine Anspielung sein auf die Pilgerreise des Stifters, der den Altar aus Dank für die glückliche Heimkehr in Auftrag gab. – PAPPENHEIMER ALTAR, DETAIL: Dreiergruppe von vornehmen Kriegern.

Gruppe der Trauernden mit MARIA, MARIA MAGDALENA UND JOHANNES IM PAPPENHEIMER ALTAR.

GRABMAL FÜR MARQUARD WILHELM GRAF VON SCHÖNBORN († 1770), Dompropst von Eichstätt und Bamberg. Entwurf: Mauritio Pedetti, Ausführung: J. A. Breitenauer in verschiedenen Marmorarten. Die weiße Portraitbüste in der Art der damals beliebten „Biscuits" gestaltet.

Links: Epitaph von Loy Hering für den Domherrn MARTIN GOZMANN († 1536) in der Eybkapelle. Als Vorlage für die Szene „Christus steigt in die Vorhölle hinab" diente ein Blatt aus Dürers Kupferstichfolge „Die kleine Passion".
Rechts: Epitaph von Loy Hering für den Domherrn ERKINGER VON RECHENBERG († 1540) in der Rinkschen Kapelle. Den Verstorbenen geleitet der Apostel Thomas vor den Gnadenstuhl.

Unten links: Denkmal für Bischof RAYMUND ANTON GRAF VON STRASOLDO (1757–1781), entworfen von Mauritio Pedetti, die figürliche Plastik von Christoph Wachter aus Ellingen, die Steinmetzarbeiten von Rupert Renner. Verschiedene Marmorarten, die seitlichen Embleme aus vergoldeter Bronze.
Unten rechts: Denkmal für Bischof JOHANN ANTON VON ZEHMEN (1781–1790) von Ignaz Alexander Breitenauer im Willibaldchor. Verschiedene Marmorarten, figürliche Plastik und Dekor aus Alabaster. Auf die Vergänglichkeit verweist der griechische Gott Chronos auf dem Aufsatz.

Der kniende BISCHOF VON ZEHMEN im Chorrock, Detail (s. S. 50).

Neugotischer FLÜGELALTAR von 1879 IN DER BÄCKERKAPELLE, der spätgotische Werke umschließt. Die holzgeschnitzte Madonna auf der Mondsichel aus der Zeit um 1500 war eine Stiftung der Bäcker für die Eichstätter Kollegiatpfarrkirche. Auf den Flügeln Reliefs der hll. Katharina und Barbara, um 1470. In der bemalten Predella sind Christus und die Apostel dargestellt, um 1500.

BLICK VOM SÜDLICHEN SEITENSCHIFF NACH NORDOSTEN.

Die neugotische KANZEL, Holz, dunkelbraun gefaßt, von der Firma Stärk und Lengenfelder 1887. Im Hintergrund im Süden die ORGEL (s. S. 14).

Rechts: DAS QUERHAUS NACH SÜDEN, im Hintergrund die Arkaden der von Bischof Gundekar gestifteten Johanneskapelle, heute die Sakramentskapelle. Im Mittelgrund die moderne Altar-Insel.

DAS QUERHAUS NACH NORDEN mit der modernen Altarinsel; rechts der Schaumberg-Epitaphaltar.

Der Aufbau des SCHAUMBERG-EPITAPHALTARS ist klar gegliedert und farblich durch verschiedene Steinsorten differenziert. Durch das Fehlen des Stipes (der Mensa) ist seine Funktion verunklärt. Das Hauptgeschoß zeigt in einer wenig perspektivischen Komposition vor dem Kruzifix betend Bischof Martin von Schaumberg und seinen Vater Kaspar von Schaumberg, dahinter mit den Schrifttafeln Moses, David, Paulus und Johannes den Täufer. In den seitlichen Nischen sind angeordnet ein vornehmer Träger des Bischofsstabes und die Mutter Margaretha von Wallenfels und die Evangelisten Johannes und Lukas. In den oberen Geschossen Reliefs der Auferstehung und Himmelfahrt Christi und das Jüngste Gericht. In dem Ineinanderschachteln verschiedener Größenmaßstäbe drückt sich ein beliebtes Stilmittel der deutschen Renaissance aus.

DIE SIBOTO-MADONNA (*s. S. 6*).

DIE BUCHENHÜLLER MADONNA (s. S. 9).

Oben links: DREISITZIGE SEDILIE aus Kalkstein an der Südseite des Ostchors, spätgotisch, Ende 14. Jahrhundert. Die Wandnische war in der Barockzeit vermauert und wurde zwischen 1881 und 1893 geöffnet. Die Sitze und der Baldachin wurden damals als Akt der schöpferischen, historistischen Denkmalpflege ergänzt. Links daneben steht auf der Säule eine vereinfachte und verkleinerte Nachbildung des Deocar-Schreins von Herrieden, der unter Bischof Karl August Graf von Reisach (1836–46) für von St. Lorenz in Nürnberg empfangene Reliquien angefertigt wurde.

Oben: Neugotische WANGE MIT FABELWESEN der steinernen Sedilie im Ostchor.

Unten links: Eine WANGE des neugotischen Chorgestühls im Ostchor von der Firma Stärk und Lengenfelder, Nürnberg (s. S. 16).

BLICK AUS DEM HAUPTSCHIFF IN DEN OSTCHOR.

Der hölzerne Aufbau des HOCHALTARS – Predella, Schrein und Gesprenge – wurde 1884 nach einem Entwurf von Sebastian Mutzl angefertigt. In ihm drückt sich das akademisch geprägte Rekonstruktionsdenken der Neugotik aus, die sicher über noch mehr mittelalterliche Originale verfügte als wir heute. Der Altar wurde zwischen 1973 und 1975 gereinigt und restauriert.

Der SCHREIN DES HOCHALTARS birgt fünf überlebensgroße Holzfiguren: in der Mitte Maria auf der Mondsichel, begleitet von den Diözesanpatronen, links Willibald und Richard, rechts Walburga und Wunibald. Die um 1470–1480 entstandenen Skulpturen sind einfühlsam charakterisiert und lassen in den Gewändern einen z. T. nervösen Faltenwurf erkennen. Die Figuren wurden in den vierziger Jahren nach dem Befund originaler Farbreste neu gefaßt.

Das GESPRENGE DES neugotischen HOCHALTARS. Der Christuskorpus der Kreuzigungsgruppe wurde im späten 19. Jahrhundert überarbeitet und in den vierziger Jahren unseres Jahrhunderts annäherungsweise „zurückrestauriert". Er stammt von einer anderen, schwächeren Hand als die Schreinfiguren.

DER HL. RICHARD, der angelsächsische König (links), und DER HL. WUNIBALD, der Abt vom Kloster Heidenheim (rechts). Details vom Schrein des Hochaltars (vgl. S. 62).

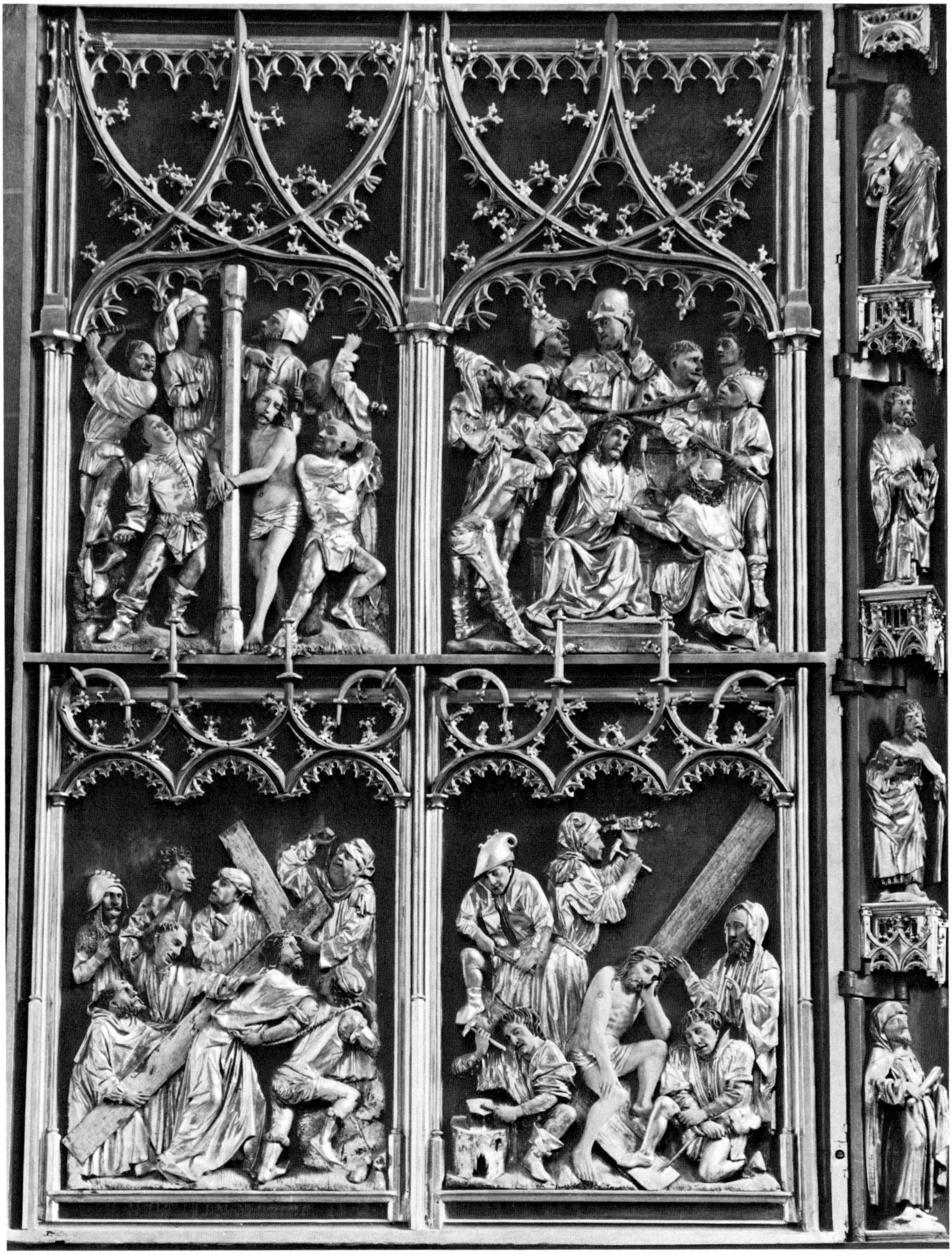

HOCHALTAR, LINKER FLÜGEL. Das Gesprenge wurde nach originalen Resten rekonstruiert. Die vier Szenen zeigen die Geißelung, die Dornenkrönung, die Kreuztragung und die Aufrichtung des Kreuzes. Ebenso wie die Gesprengefiguren sind die Reliefs mit ihrer drastischen Ausdrucksweise mehr in die Fläche gebunden.

HOCHALTAR, RECHTER FLÜGEL: das Letzte Abendmahl, Christus am Ölberg, die Gefangennahme und das Verhör.

Oben: *Bildnis Bischofs MARQUARD II. SCHENK VON CASTELL (1636–1685) von dem Denkmal für die drei Bischöfe aus seiner Familie; der Aufbau in Marmor, die Figuren in Bronze, Entwurf von Gabriel de Gabrieli, ausgeführt von Wilhelm de Groff.*

Unten: *DAS SCHENK-VON-CASTELL-DENKMAL, auf den seitlichen Podesten die Büsten der Bischöfe Johann Euchar (1685–1697) und Franz Ludwig (1725–1736), der Auftraggeber des 1729/31 entstandenen Denkmals.*

Bildnis des Bischofs JOHANN KONRAD VON GEMMINGEN (1595–1612) von seinem Grabdenkmal im Ostchor. Der Aufbau aus Marmor, die lebensgroße Figur aus Bronze, vom Münchner Hofbildhauer Hans Krumper.

FIGUR DES BISCHOFS VON GEMMINGEN auf dem Sarkophag.

Lebensgroße KREUZIGUNGS-GRUPPE IM WILLIBALDCHOR, Holz, gefaßt, um 1510–1520 von Gregor Erhart bzw. seinem Umkreis. Sie wurde für das Willibalddenkmal von 1514 geschaffen und befand sich dort bis 1745. Anschließend fanden die Skulpturen an getrennten Orten Aufstellung und sind seit 1975 wieder vereint. Das abstehende Lendentuch Christi wurde im Zuge einer fälschlichen Zuschreibung an Loy Hering so umgearbeitet. Die Gruppe ist stilistisch verwandt mit Figuren im Blaubeurer Altar.

BLICK VOM OSTCHOR DURCH DAS MITTELSCHIFF ZUM WILLIBALDCHOR.

DER WILLIBALDALTAR mit Durchblick durch das Langhaus in den Ostchor. Der spätbarocke Willibaldaltar von Matthias Seybold 1745, aus Marmor, der vergoldete Tabernakel von einem Eichstätter Gürtler, der Aufsatz aus Holz. Schauseite des Altars nach Westen. Die Baldachinanlage umschließt geschickt das nach Osten gerichtete Willibalddenkmal Loy Herings. Die geschwungene Marmorurne enthält die Reliquien des hl. Willibald; darüber eine

versilberte Statuette. – DER WILLIBALDCHOR steht auf einem höheren Niveau als das Langhaus. Das Verbindungsglied unter dem Triumphbogen ist der Willibaldaltar mit seinen beiden Schauseiten.

DIE SITZFIGUR DES HL. WILLIBALD in der Muschelnische von Loy Hering ist als Hauptteil der Anlage in situ erhalten geblieben. Sie fand bereits früh Beachtung und zählt zu den Hauptstücken der deutschen Hochrenaissance. Sie ist aus Jurakalkstein gearbeitet und hat eine Höhe von 189 cm.

DAS WILLIBALDDENKMAL. Die die Nische einfassenden Pilaster sind Matthias Seybolds Ersatz für die nach oben versetzten Renaissance-Säulen (vgl. S. 73). – Im Profil wirken die Gesichtszüge Willibalds härter.

DER GREISE WILLIBALD. Detail vom Willibald-Denkmal (vgl. S. 73–75).

Der obere Abschluß des Rückenstabes der WILLIBALDKASEL mit Christus und Maria (s. S. 16).

Links: FRÜHBAROCKE MONSTRANZ, 1653 gestiftet von Bischof Marquard II. Schenk von Castell; eventuell von Matthäus Schaller, Augsburg, Silber, vergoldet, Höhe 56,4 cm. Am Strahlenkranz Engel mit Leidenswerkzeugen und Palmzweigen und Maria mit Kind in Flachrelief.

Rechts: HOCHBAROCKE SONNENMONSTRANZ, um 1700 von Johann Ludwig Schoap, Augsburg, Silber, teilvergoldet, Emailmedaillons in Camaieu-rouge, Granate, Perlen, Türkise, andere Halbedelsteine und Glasflüsse, Höhe 97,5 cm.

Links: MESSKELCH, 1757/59 von Emanuel Abraham Drentwett, Augsburg. 1774 gestiftet von Weihbischof Franz Heinrich Wendelin von Kageneck. Silber, vergoldet, Höhe 30,8 cm. – Mitte: DAS JAKOBUS-FINGERRELIQUIAR (s. S. 16). – Rechts: MESSKELCH, vor 1742 von einem unbekannten Meister mit den Initialen FM. 1742 gestiftet von Weihbischof Johann Adam Nieberlein. Auf den Emailmedaillons Szenen aus der Passionsgeschichte. Silber, vergoldet, Emailmedaillons in Camaieu-rouge, Almandine und Glasflüsse, Höhe 28 cm.

KASEL AUS DEM ORNAT DES BISCHOFS JOSEPH GRAF VON STUBENBERG, 1790–1803. Strenge klassizistische Goldstickerei mit starker plastischer Hinterlegung auf weißer Seide.

DIE BISCHOFSWEIHE DES HL. WILLIBALD. Der großformatige Gobelin, hauptsächlich aus Wolle, 1745, von Peter du Montel, Schwabach, gehört zu einer Serie der sogenannten Willibaldteppiche mit wichtigen Ereignissen seines Lebens. Von den Kanonikern am Willibaldchor aus Anlaß des tausendjährigen Bistumsjubiläums gestiftet. Der Konsekrator Willibalds war Bonifatius, assistiert hatten die Bischöfe Wizo von Buraburg und Burkard von Würzburg.

Links: DAS SPÄTGOTISCHE RATIONALE DES BISCHOFS JOHANN VON EYCH (1445–1464).
Rechts: BRUSTBILD DES HL. WILLIBALD mit seinem Wappenschild auf dem scheibenförmigen Schulterstück des Rationale (s. S. 16).

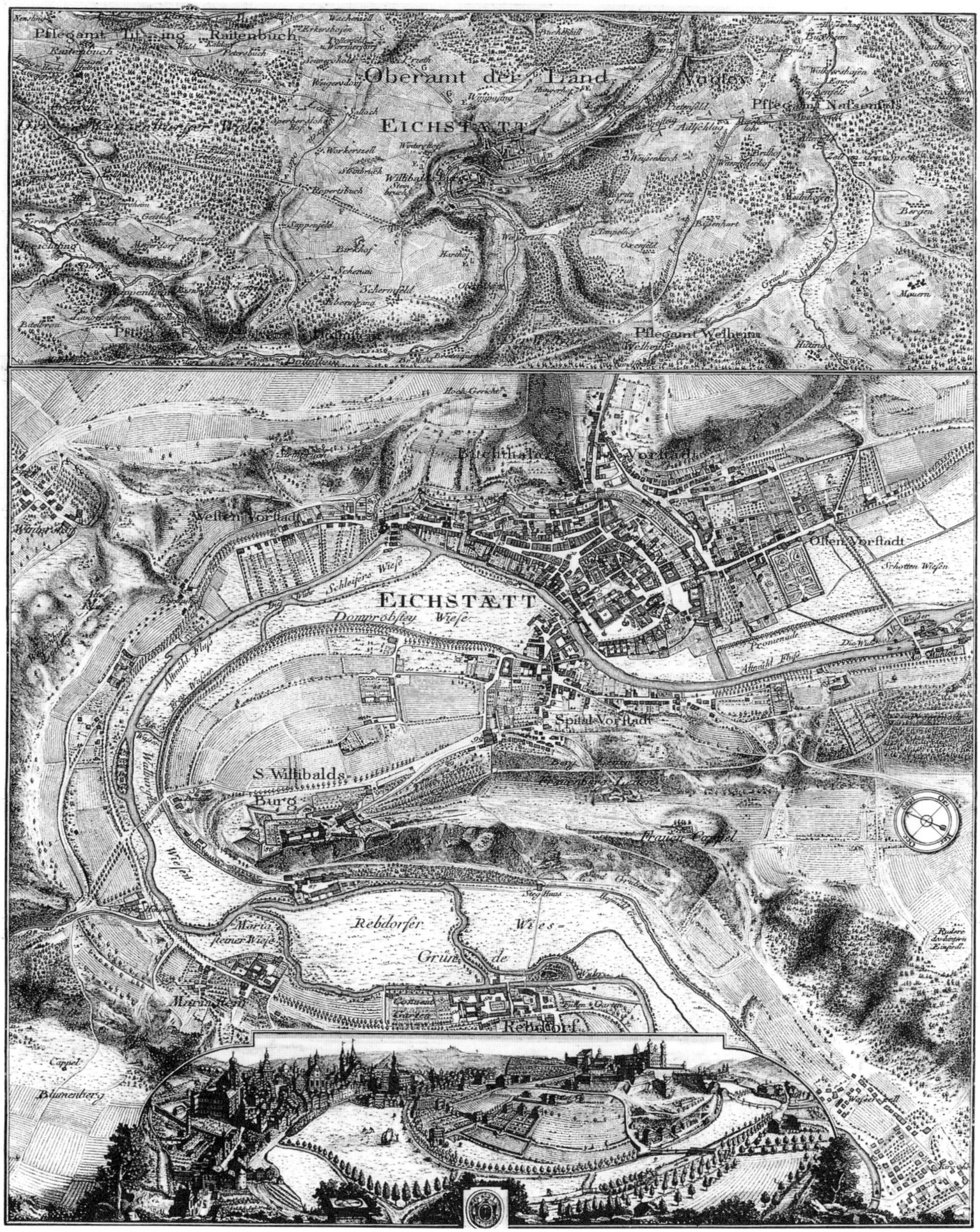

Stadtplan und Ansicht von 1796, gezeichnet von Mauritio Pedetti.